北京电子科技职业学院
国家示范性高职院校建设项目成果

——金融保险重点专业及专业群系列教材

期货业务

（学生用书）

贾 敏 主编

中国财经出版传媒集团
中国财政经济出版社

图书在版编目（CIP）数据

期货业务/贾敏主编．—北京：中国财政经济出版社，2017.11

北京电子科技职业学院国家示范性高职院校建设项目成果．金融保险重点专业及专业群系列教材．学生用书

ISBN 978-7-5095-7762-2

Ⅰ.①期… Ⅱ.①贾… Ⅲ.①期货交易—高等职业教育—教材 Ⅳ.①F713.35

中国版本图书馆 CIP 数据核字（2017）第 243743 号

责任编辑：胡 博 闫 娟　　责任校对：杨瑞琦

封面设计：孙俪铭

中国财政经济出版社 出版

URL：http：//www.cfeph.cn

E-mail：cfeph@cfeph.cn

社址：北京市海淀区阜成路甲 28 号 邮政编码：100142

营销中心电话：88190406 北京财经书店电话：64033436 84041336

北京财经印刷厂印刷 各地新华书店经销

787×1092 毫米 16 开 11.5 印张 275 000 字

2017 年 11 月第 1 版 2017 年 11 月北京第 1 次印刷

印数 1—1 000 定价：35.00 元

ISBN 978-7-5095-7762-2

（图书出现印装问题，本社负责调换）

本社质量投诉电话：010-88190744

打击盗版举报热线：010-88190414 QQ：447268889

序　　言

作为1999年教育部首批建设的高等职业院校之一，十年来我们始终不懈地在探索适合高等职业教育的模式。目前金融保险重点专业及专业群已形成以就业为导向、以岗位能力培养为核心、校企合作、学训一体的人才培养模式。

教学与实训是人才培养的重要内容，应用其中的教材起着关键的作用。我们认为高职教材应具有以下特色：

1. 体现社会对职业的要求。高职教材必须体现职业对从业人员的相关要求，教材编写要以提高学生职业素质为中心，明确每章教学应达到的素质目标、知识目标、技能目标和能力目标，并据此调整相应的内容，以强化课程教学的针对性和应用性，使学生毕业后即能够适应企业工作的需要。

2. 体现岗位对技能的要求。由有实践经验的教师和行业中的专家，按照工作岗位的实际需要，对岗位要求层层加以分解，确定从事这一岗位工作所应具备的能力，从而明确培养目标。按照教学规律，将相同、相近的各项能力进行总结、归纳，构成各种不同的教学模块，制定教学大纲，依此来组织教材的结构和内容。教材强调以工作岗位所需职业能力的培养为核心，保证了职业能力培养目标的实现。

3. 适应高职学生的特点。教材编写要密切关注学生的特点，注重教材的适应性。目前高职学生的生源由中职生为主转向以高中生为主，学生的文化基础素质得以提高，根据这一变化，教材编写应跟随时代新技术的发展，摒弃过时陈旧的内容，将新方法、新规范、新标准编入教材，使学生毕业后具备从事专业技术工作和管理工作的能力。

4. 便于组织教学。在结构上，理论讲述、案例分析、综合实训相结合。充分运用表格、结构图、流程图和案例等形式表现教学内容。可以进行网络学习的电子化教材要与纸质教材配合使用。

在总结以上高职教材特点的基础上，我们组织了由教师和企业专家共同组成的教材编写委员会，经过了长时间的企业调研、课题研讨、样章试用、师生反馈等过程，编写出了本系列教材。

北京电子科技职业学院国家示范性高职院校金融保险重点专业及专业群建设项目由徐秀艺主持，张晖任系列教材建设负责人，设计了系列教材编写模式。本系列教材包括金融保险专业教材30种，专业群教材16种，教材配有相应的多媒体电子出版物。

教材编写的适用程度如何，需要通过教学实践的检验，使之不断地提高与完善。衷心希望聆听各方面的意见，以利改进我们的教材与教学，更好地促进高职教育的发展。

2009年10月

前　　言

期货行业作为中国蓬勃发展的新兴行业，吸引着越来越多的青年学子踊跃参与。同时，期货投资也日益成为一种理财工具。因此，为拓宽保险金融类学生的就业渠道和培养个人终身的理财能力，学生在掌握期货基础理论的同时，必须提高其实践操作能力。实践操作能力既是对专业基础理论知识的综合运用能力的检验，又是我们培养金融保险类高职应用型人才的基本标准。

本教材是为了适应我国高等职业技术教育的发展和需要而编写的。通过本课程的学习，希望达到以下目标：培养学生具备期货投资和客户服务的职业能力，使学生掌握期货交易的基础知识、理论和操作技能，能够独立完成期货经纪、期货投资咨询、期货结算等各项一般性的工作任务，具有初步的进行期货交易操作的能力、期货投资与分析的能力，能够为客户提供良好的服务，使客户实现规避风险和赢利的双重目标。

本教材设立期货投资认知、期货公司柜台业务、期货品种分析、期货投资分析四个学习情境，共包含十一个学习单元。在撰写过程中得到了北京电子科技职业学院领导的支持和帮助，也得到了企业专家、学者的指导和帮助，在此表示衷心感谢。由于编者水平有限，书中难免存在疏漏和不足，恳请专家和读者批评指正。

编者

2017 年 7 月

目　录

学习情境一　期货投资认知

学习目标

- 了解期货市场的产生与发展
- 掌握期货与其他投资工具的区别
- 掌握套期保值、投机、套利交易的原理及操作方法，为实战做好准备
- 熟练操作期货行情和交易系统

本学习情境包含四个学习单元：期货市场，期货交易品种与规则，期货软件使用，期货套期保值、套利计算。

引导案例

散户也能炒期货

与以往相比，现代社会为人们提供了更多的成功机会。以前，如果你有一笔钱，恐怕只能存到银行里；现在，我们可以有很多选择，如炒股、买国债、做点小生意等等。不过，还有一条很好的投资渠道人们不太容易想到，那就是投资期货。目前管理层在期货市场出台了一系列的利好措施，这更为投资者的参与提供了便利。

提起期货，人们往往会联想到一些在国际金融市场上呼风唤雨、纵横捭阖的金融巨鳄，由此大家也容易有这样的想法：炒期货需要大量的资金，不是你我小散户能玩的。其实并非如此，炒期货并不需要比炒股票更多的资金量。并且以多年的经验来讲：炒期货为小资金迅速膨胀提供了一条可行的道路，包括索罗斯在内的许多“金融巨鳄”都是从少量资金在期市中运作开始发家的。现在国内一些重量级的企业家也是从期市中走出来的。为什么小资金有可能在期市中迅速壮大呢？大家都知道通过股票质押贷款，可以使股民手中资金得到一定程度的放大，这被视为股市的一个利好。期货市场里实行的是“保证金制度”，当然它与股票质押贷款有很大区别，但与之相同的是：投资者手中的资金得到了放大，而且倍数在10倍以上。正因为期货市场上资金的放大效应如此显著，所以通过合理的运作，少量资金会以滚雪球的方式增长。

我们知道，从某种意义上讲，可以把股市的主体分为两类：机构与散户。机构拥有软件、硬件等方面的优势，并且存在一些暗箱操作，散户在这些方面存在先天的劣势，作为弱势群体难以与机构抗衡。近年来股市的起起落落也让大家认识到这并不是一个天然的赢利场

所。期市里的主体也可以分成两类：多头和空头，多头阵营中有主多和散多，空头阵营中有主空和散空。两边都有机构，真正的对抗发生在主多和主空之间。散户唯一的策略就是在胜负分明时站到胜利的一边就行了。炒过股的人都知道，转身快是散户最大的优势，期市里主多或主空常会有知其不可为而不得不为的时候，这种时候散户就可以充分利用自己船小掉头快的特点，坚定地站到取得优势的一方。与其他投资市场一样，期市中也是一有风吹草动就消息满天飞。但我们知道期市有主空和主多，他们无法合伙炮制一个什么陷阱出来让散户跳，因为他们的利益是针锋相对的，谁都不会放弃自己的利益来成全对方。另外，影响期价的因素说到底只有三个：生产量、消费量和进口量，其他各种因素也只是通过改变上述三要素，进而影响期价的。这些关键数据都会定期由政府部门统一公布，所以散户不会被各种真假消息弄得云山雾罩，在这些基本事实的获取上散户与机构是平等的。

期市与股市有所不同，实行的是 T+0 制度并且可以做空，这更为散户投资者充分发挥自身优势创造了条件。就股票市场而言，一级市场对机构尚有利可图，而散户由于资金量小很难中签获利；目前二级市场阴晴不定，风险并不见得比期货小。如今上证指数在屡创新低后虽然出现大幅反弹，但在全球经济疲软、国内出口和内需放缓的情况下，高市盈率的股市仍存在着很大的风险。而期货可利用“以小搏大”“T+0”和双向交易等机制，把风险控制掌握在自己手中。

随着入世步伐的临近，建立起包括期货市场在内的完善的经济体系已是迫在眉睫。所以管理层已经明确了发展期货业这个共识，中央、地方各种媒体也经常对此进行宣传。期货以前似乎只是“圈内人”的游戏，但现在已有许多投资意识较强的投资者参与了进来，因为他们知道，一个市场发展壮大过程中，蕴藏着无数的机会。成功是需要勇气的，记得股票刚处萌芽期时，人人避之不及，以至于大量的原始股竟需要以摊派的形式分发。有许多人感慨过：要是我当时……

期货市场里最大的优势就是平等、自由，不需要你有什么背景、内幕，也不会有什么人来限制你，一切都靠你自己的判断。所以如果你手头有些余款，而且既不打算存入银行，暂时也不打算进入难测的股市，那不妨带上身份证到期货经纪公司开个户，也许你也会成为中国的巴菲特、索罗斯。

学习单元一　期货市场

知识链接

一、期货市场的发展历程

在 19 世纪初期，芝加哥是美国最大的谷物集散中心。当时农业生产面临的主要困难是交通不便、信息传递落后、仓库稀缺、价格频繁波动而且剧烈，从而导致农产品供求失衡。

为了解决这个问题，1848 年一群商人成立了 Chicago Board of Trade（CBOT），该组织创造了称为“将运到”的合约。这种合约允许农民在谷物交割前先卖出。换句话说，农民可以种植庄稼的同时签订合约，然后在收割后按签约时商量好的价格买卖谷物。这种交易可以让农民在芝加哥以外的地方存储粮食。合约的另一方则是成立芝加哥期货交易所的商人们。

1865年，CBOT制定了期货合约的标准化协议《共同法则》，并推出第一个标准化的期货合约，事先对商品数量、质量、交货地点和时间等方面做出统一规定。很快人们就发现在标准化之后，交易这些“将运到”合约比交易谷物本身要更为有用。于是，这些合约出现了二级市场，可以以某个价格把合约转让给其他买卖双方。20世纪20年代的时候出现了结算所，提供对履约的担保，现代期货市场终于成型。

芝加哥期货交易所成立后，美国和欧洲又陆续出现了一些期货交易所，如芝加哥商业交易所（CME）、纽约商业交易所（NYMEX）、伦敦金属交易所（LME）等，从事农产品、金属、能源等商品期货交易。

进入20世纪70年代，世界金融体制发生了重大变化。布雷顿森林体系的解体、浮动汇率制的形成、利率市场化的推行，对全球金融领域乃至商品市场均产生了极大冲击。企业面临了更多的金融风险。1972年5月，芝加哥商业交易所推出了历史上第一个外汇期货，标志着金融期货的诞生。此后，利率类期货和股票类期货的陆续出现，使金融期货产品逐步得以完善，市场规模不断扩大。20世纪90年代开始，金融期货就已经成为全球期货市场中成交量最大的品种类别，近几年来，全球金融期货占据了全球期货交易量的90%以上。

二、期货

期货，一般指期货合约，是由期货交易所统一制定的、规定在将来某一特定的时间和地点交割一定数量标的物的标准化合约。这个标的物，又叫基础资产，可以是某种商品，如铜或原油，也可以是某种金融资产，如外汇、债券，还可以是某个金融指标，如三个月同业拆借利率或股票指数。

期货是在远期交易的基础上发展起来的。远期交易是指，买卖双方先谈好价格，未来的某个时间再按照这个价格进行交易。例如，农民与粮食加工商谈好，3个月后以3元/kg的价格把50吨大米卖给粮食加工商。这就是一笔远期交易。

期货交易也是未来的买卖活动，但和远期交易有很大区别。

首先，期货交易是在期货交易所发生的、公开进行的标准化合约的交易。每个期货合约的条款都是标准化的，如到期日规定好每月15日是最后一个交易日，标的资产是某种规格的电解铜或者是五年期国债，一张合约的买卖相当于五吨铜或是一百万元面额的国债买卖等。远期交易并没有这样的规定。

其次，期货交易的对象是期货合约，而不是实物商品。因此，期货投资者可以在合约到期时进行实物交割或者现金交割。就实物交割来说，一方缴纳现金，另一方交出合约中约定的规定规格的商品，这和远期交易是相同的；不同的地方在于，期货合约可以在合约到期前采用平仓的方式冲销原来的交易。因此，期货交易的流动性更强。

最后，也是最重要的一点，期货交易实行保证金制度和当日无负债结算制度，因而其违约风险远远低于远期交易。

三、中国期货市场的产生与发展

第一个时期：方案研究和初步实施阶段（1988～1990年）

1988年5月，国务院决定进行期货市场试点。

1990 年 10 月 12 日中国郑州粮食批发市场经国务院批准，以现货交易为基础，正式引入期货交易机制。从而作为我国第一家商品期货市场，迈出了中国期货市场发展的第一步。

第二个时期：迅猛发展阶段（1990～1993 年）

这一时期我国期货市场发展走上了一个“小高潮”。但是，由于人们认识上的偏差，尤其是受到部门和地方利益的驱动，在缺乏统一管理和没有完善法规的情况下，中国期货市场出现盲目高速发展的趋势。到 1993 年年底，全国期货交易所达到 50 多家，期货经纪公司 300 多家，而各类期货兼营机构不计其数。这一超常规的发展也给期货市场带来了一系列问题如：交易所数量过多，交易品种严重重复，期货机构运作不规范，地下期货交易四处泛滥，从业人员鱼龙混杂，良莠不齐。这些都严重制约了我国期货市场的进一步发展，并且导致了人们对期货市场的种种误解。

第三个时期：治理整顿时期（1993～1998 年）

为了遏止期货市场盲目发展，国务院授权中国证监会从 1993 年开始对期货市场主体进行了大规模的清理整顿和结构调整。1993 年 11 月，国务院发出了《关于制止期货市场盲目发展的通知》。

1994 年 5 月，国务院办公厅批转国务院证券委《关于坚决制止期货市场盲目发展若干意见的请示》，开始对期货交易所进行全面审核，到 1998 年，14 家交易所重组调整为大连商品交易所、郑州商品交易所、上海期货交易所三家；35 个期货交易品种调减为 12 个；兼营机构退出了期货经纪代理业，原有的 294 家期货经纪公司缩减为 180 家左右。

1999 年 9 月，一个条例、四个管理办法的正式实施，构建了期货市场规范发展的监管框架。这样，在经过几年较大力度的结构调整和规范整顿，以《期货交易管理暂行条例》及四个管理办法为主的期货市场规划框架基本确立，中国证监会、中国期货业协会、期货交易所三层次的市场监管体系已经初步形成，期货市场主体行为逐步规范，期货交易所的市场管理和风险控制能力不断增强，期货投资者越来越成熟和理智，整个市场的规范化程度有了很大提高。

第四个时期：步入正轨，稳步发展时期（1998 年至今）

在清理整顿过程中，我国期货市场交易量有了比较大的下滑，但是从 2000 年开始，期货市场逐步走出低谷。上海期货交易所目前已经成为亚洲最大，世界第二的铜期货交易中心，2003 年的成交量达到 11166.29 万吨，10 年内增长了 50 多倍。大连商品交易所的大豆期货品种的交易量在 2003 年达到了 2818.80 万吨，已经成为亚洲第一，世界第二的大豆期货交易中心，成交量仅次于美国的 CBOT。

2004 年 1 月 31 日，国家发布了《关于推进资本市场改革开放和稳定发展的若干意见》，明确提出了稳步发展期货市场，对期货市场的政策也由规范整顿向稳步发展转变。证券公司和上市公司纷纷参股期货公司，使期货行业获得新的资金流入。大米、股指期货等新品种也即将推出。经过 20 多年的发展，中国的期货市场得到了巨大的发展，市场环境得到长足进步，规范化程度进一步提高，监管严厉。

2006 年 9 月 8 日，中国金融期货交易所在上海成立，标志着中国要大力发展金融类期货，与世界接轨。目前金融类和期权类期货交易量占到了世界期货交易量的 90% 以上。

四、期货交易与现货交易、远期交易的关系

期货交易作为一种特殊的交易方式，它的形成经历了从现货交易到远期交易，最后到期

货交易的复杂演变过程，它是人们在贸易过程中不断追求交易效率、降低交易成本与风险的结果。在现代发达的市场经济体系中，期货市场作为重要的组成部分，与现货市场、远期市场共同构成既各有分工又密切联系的多层次的有机体。

（一）期货交易与现货交易

1. 买卖的直接对象不同。现货交易买卖的直接对象是商品本身，有样品、有实物、看货定价。期货交易买卖的直接对象是期货合约，是买进或卖出多少手或多少张期货合约。

2. 交易的目的不同。现货交易是一手钱、一手货的交易，马上或一定时期内获得或出让商品的所有权，是满足买卖双方需求的直接手段。期货交易的目的一般不是到期获得实物，套期保值者的目的是通过期货交易转移现货市场的价格风险，投资者的目的是为了从期货市场的价格波动中获得风险利润。

3. 交易方式不同。现货交易一般是一对一谈判签订合同，具体内容由双方商定，签订合同之后不能兑现，就要诉诸法律。期货交易是以公开、公平竞争的方式进行交易。一对一谈判交易（或称私下对冲）被视为违法。

4. 交易场所不同。现货交易一般不受交易时间、地点、对象的限制，交易灵活方便，随机性强，可以在任何场所与对手交易。期货交易必须在交易所内依照法规进行公开、集中交易，不能进行场外交易。

5. 商品范围不同。现货交易的品种是一切进入流通的商品，而期货交易品种是有限的。主要是农产品、石油、金属商品以及一些初级原材料和金融产品。

6. 结算方式不同。现货交易是货到款清，无论时间多长，都是一次或数次结清。期货交易实行每日无负债结算制度，必须每日结算盈亏，结算价格是按照成交价加权平均来计算的。

（二）期货交易与远期交易

1. 交易对象不同。期货交易的对象是标准化合约，远期交易的对象主要是实物商品。

2. 功能作用不同。期货交易的主要功能之一是发现价格，远期交易中的合同缺乏流动性，所以不具备发现价格的功能。

3. 履约方式不同。期货交易有实物交割和对冲平仓两种履约方式，远期交易最终的履约方式是实物交收。

4. 信用风险不同。期货交易实行每日无负债结算制度，信用风险很小，远期交易从交易达成到最终实物交割有很长一段时间，此间市场会发生各种变化，任何不利于履约的行为都可能出现，信用风险很大。

5. 保证金制度不同。期货交易有特定的保证金制度，远期交易是否收取或收多少保证金由交易双方私下商定。

五、期货市场构成

中国期货市场由中国证监会、期货交易所、期货经纪公司、期货兼营机构、套期保值者和投机商构成。

（一）中国证监会

中国证监会是国家的行政管理机构。负责制定宏观管理政策，监控市场风险，审批期货交易所、期货经纪公司、期货兼营机构、期货交易所的交易规则和上市品种，任命期货交易所总裁、副总裁。

（二）交易所

期货交易所是期货市场的主体，是会员制的、非营利性的事业法人。期货交易所按照期货交易所章程和交易规则依法组织交易。期货交易所作为买方的卖方和卖方的买方承担履约责任，维护公平交易，监控市场风险，提供交易设施和技术手段；公布市场行情、仓单信息等相关信息；研究开发新合约、新技术等，从而保证期货交易公开、公平、公正地进行。

（三）经纪公司

期货经纪公司是经中国证监会批准并在国家工商行政管理局注册的独立法人。期货经纪公司至少应成为一家期货交易所的会员。按照中国证监会的规定，期货经纪公司不能从事自营交易，只能为客户进行代理交易，是收取佣金的中介机构，接受客户的买卖委托指令，通过交易所完成交易。

（四）兼营机构

期货兼营机构是经中国证监会批准的从事期货交易的独立法人。期货兼营机构只能进行自营交易而不能从事代理交易。

（五）各类投资者

参与期货交易的各类投资者包括套期保值者和投机商套期保值者，是从事商品生产、储运、加工以及金融投资活动的主体。他们利用期货市场的价格发现机制来完成对现货市场交易的套期保值，同时放弃在期货市场赢利的目的。

投机商是以自己在期货市场的频繁交易，低买高卖赚取差价利润的主体。他们是期货市场的润滑剂和风险承担者，没有投机商的参与就无法达到套期保值的目的。在现实市场中，投机商与套期保值者并不是截然可分的。

六、期货市场与证券市场比较

期货市场是买卖期货合约的市场，而期货合约在本质上是未来商品的代表符号，因而期货市场与商品市场有着内在的联系。但就实物商品买卖转化成合约的买卖这一点而言，期货合约在外部形态上表现为相关商品的有价证券，这一点与证券市场却有相似之处。证券市场上流通的股票、债券，可以说是股份有限公司所有权的标准化合同和债券发行者的债权债务标准化合同。人们买卖的股票、债券和期货合约，都是一种投资凭证。但是，期货市场与证券市场有以下几点重要区别。

（一）基本经济职能不同

证券市场的基本职能是资源配置和风险定价；期货市场的基本职能是规避风险和价格发现。

（二）交易目的不同

证券交易的目的是获取利息、股息等收入和资本利得。期货交易的目的是规避现货市场价格风险或获取投机利润。

（三）市场结构不同

证券市场分为一级市场（发行市场）和二级市场（流通市场）；期货市场并不区分一级市场和二级市场。

（四）保证金规定不同

证券一般采用现货交易方式，须交纳全额资金；期货交易只需缴纳期货合约价值一定比例的保证金。

七、期货交易所

（一）我国期货交易所

1. 上海期货交易所（www. shfe. com. cn）是经中国证监会批准，由上海金属交易所、上海商品交易所、上海粮油商品交易所合并组建的，上海期货交易所于 1999 年 12 月正式成立。

2. 郑州商品交易所（www. czce. com. cn）成立于 1990 年 10 月 12 日，是经中国国务院批准的首家期货市场试点单位，在现货远期交易成功运行两年以后，于 1993 年 5 月 28 日正式推出期货交易。1998 年 8 月，郑商所被中国国务院确定为全国三家商品期货交易所之一。

3. 大连商品交易所（www. dce. com. cn）成立于 1993 年 2 月 28 日，是经国务院批准的四家期货交易所之一，是实行自律性管理的法人。成立以来，大商所始终坚持规范管理、依法治市，保持了持续稳健的发展，成为中国最大的农产品期货交易所。

4. 中国金融期货交易所（www. cffex. com. cn）是经国务院同意，中国证监会批准，由上海期货交易所、郑州商品交易所、大连商品交易所、上海证券交易所和深圳证券交易所共同发起设立的金融期货交易所。中国金融期货交易所于 2006 年 9 月 8 日在上海成立，注册资本为 5 亿元人民币。中国金融期货交易所的成立，对于深化金融市场改革，完善金融市场体系，发挥金融市场功能具有重要的战略意义。

（二）国际期货交易所

1. 芝加哥商业交易所（CME）

芝加哥商业交易所是美国最大的期货交易所，也是世界上第二大买卖期货和期货期权合约的交易所。

2. 芝加哥期货交易所（CBOT）

芝加哥期货交易所是当前世界上交易规模最大、最具代表性的农产品交易所。

3. 纽约商业交易所（NYMEX）

纽约商业交易所是美国第三大期货交易所，也是世界上最大的实物商品交易所。

4. 纽约期货交易所（NYBOT）

纽约期货交易所成立于 1998 年，是由纽约棉花交易所（New York Cotton Exchange）和咖啡、糖、可可交易所（Coffee Sugar Cocoa Exchange）合并而来的。新成立的纽约期货交易所实行会员制，其会员也都是原来两家交易所的会员，其中棉花会员 450 家，咖啡、糖、可可会员 500 家。目前，纽约期货交易所是世界上唯一一家交易棉花期货和期权的交易所。纽约期货交易所的 450 家棉花会员分别来自于五种公司：自营商、经纪商、棉商、棉纺厂和棉花合作社。参与棉花期货交易的涉棉企业很多，套期保值的比例较高，一般为 35% ~40%。

5. 伦敦金属交易所（LME）

伦敦金属交易所是世界上最大的有色金属交易所，伦敦金属交易所的价格和库存对世界范围的有色金属生产和销售有着重要的影响。世界上全部铜生产量的 70% 是按照伦敦金属交易所公布的正式牌价为基准进行贸易的。

6. 伦敦国际石油交易所（IPE）

伦敦国际石油交易所是欧洲最重要的能源期货和期权的交易场所。

7. 东京工业品交易所（TOCOM）

京工业品交易所又称东京商品交易所，于 1984 年 11 月 1 日在东京建立。现已成为全球最有影响力的期货交易所之一。作为一个品种完善的综合性商品交易所，东京工业品交易所是目前世界上最大的铂金和橡胶交易所，且其黄金和汽油的交易量位居世界第二位，仅次于美国的纽约商品交易所。

8. 新加坡国际金融交易所（SIMEX）

新加坡国际金融交易所成立于 1984 年，是亚洲第一家金融期货交易所。

9. 香港期货交易所（HKFE）

香港期货交易所于 1976 年成立，是亚太区内主要的衍生产品交易所。

八、期货市场的功能

1. 回避价格风险的功能。期货市场最突出的功能就是为生产经营者提供回避价格风险的手段。即生产经营者通过在期货市场上进行套期保值业务来回避现货交易中价格波动带来的风险，锁定生产经营成本，实现预期利润。也就是说期货市场弥补了现货市场的不足。

2. 发现价格的功能。在市场经济条件下，价格是根据市场供求状况形成的。期货市场上来自四面八方的交易者带来了大量的供求信息，标准化合约的转让又增加了市场流动性，期货市场中形成的价格能真实地反映供求状况，同时又为现货市场提供了参考价格，起到了“发现价格”的功能。

3. 有利于市场供求和价格的稳定。首先，期货市场上交易的是在未来一定时间履约的期货合约。它能在一个生产周期开始之前，就使商品的买卖双方根据期货价格预期商品未来的供求状况，指导商品的生产和需求，起到稳定供求的作用。其次，由于投机者的介入和期货合约的多次转让，使买卖双方应承担的价格风险平均分散到参与交易的众多交易者身上，减少了价格变动的幅度和每个交易者承担的风险。

4. 节约交易成本。期货市场为交易者提供了一个能安全、准确、迅速成交的交易场所，提供交易效率，不发生“三角债”，有助于市场经济的建立和完善。

5. 期货交易是一种重要的投资工具，有助于合理利用社会闲置资金。

九、期货市场的作用

1. 对国家推动经济的发展效果。促进资金的横向融通和经济的横向联系，提高资源配置的总体效益。

2. 对市场代销机构建立和完善自我约束，自我发展的经营管理机制。有助于市场经济体系的建立和完善资源配置，调节市场供求，减缓价格波动以及形成公正、公开的价格信号、回避因价格波动而带来的市场风险、降低流通费用，稳定产销关系、锁定生产成本、稳定企业经营利润等作用。

3. 对市场开拓投资渠道，扩大选择范围，适应了多样性的动机，交易动机和利益的需求，提供获得较高收益的可能性。

十、期货市场管理与风险控制

（一）风险管理与控制是交易所的首要任务

纵观国际期货市场一百多年的发展历程，风险管理是期市组织者和管理者不可回避的问题，期市不同发展阶段都面临着风险管理和风险控制的艰巨任务。

1. 风险管理的成因与表现

风险管理是包括交易所、经纪公司等社会方方面面都极为关注的一个话题。风险来自于市场的不确定性。总的来讲，可分为系统风险和非系统风险。系统风险是指同期货市场正常运作过程中一般情况相联系的那些风险，其集中表现为价格波动的风险。价格波动是市场经济最基本而又重要的一种风险。从期货市场风险产生的直接原因来看，又可分为管理风险、操作风险、代理风险、技术风险和政策风险。

2. 风险控制系统的设计

风险控制系统的设计应坚持一般原则与具体情况相结合。这里所说的一般原则是指国际期货行业在长期实践中已经摸索出来的一些稳定成型的东西，比如保证金制度、逐日盯市、涨跌停板制度和头寸限制制度等。在我国期货市场及交易所的建设中，一个非常重要的具体内容是采用计算机集中竞价交易。

（二）交易系统的风险管理

1. 资金风险管理

从目前交易所实行的结算制度来看，郑交所会员的资金进入市场后分成两块，一块是必须存放在交通银行郑商所支行作为会员的自有账户；另一块划入交易所在交通银行郑商所支行的结算准备金账户，这部分资金决定了会员当日交易可开仓的数量，是交易所给予会员头寸的依据。交易所对会员保证金账户的资金进行控制，同时对会员自有账户上的资金变动进行及时的了解和掌握。

2. 涨跌停板制

涨跌停板制度，是指期货合约在一个交易日中的成交价格不能高于或低于以该合约上一交易日结算价为基准的某一涨跌幅度，超过该范围的报价将视为无效，不能成交。在涨跌停板制度下，前一交易日结算价加上允许的最大涨幅构成当日价格上涨的上限，称为涨停板；前一交易日结算价减去允许的最大跌幅构成价格下跌的下限，称为跌停板。因此，涨跌停板又叫每日价格最大波动幅度限制。

3. 强制平仓制

当会员单位因不能如期追加保证金，持仓量超过最高允许持仓数或发生其他违反交易所规定的行为，对市场安全运行构成威胁，交易所将以市场价格强制平仓。

（三）结算系统的风险管理

1. 保证金制度

所谓保证金制度，就是按期货交易所规定，期货交易的参与者在进行期货交易时必须存入一定数额的履约保证金。履约保证金是用来作为确保买卖双方履约的一种财力担保，其额度通常为合约总值的5% ~10%。保证金水平随市场交易风险大小而调整，在价格波动较大时要求较高的保证金水平，而在价格波动较小时要求的保证金水平较低。

2. 每日结算制度

所谓每日结算制度，亦即每日无负债制度、逐日盯市制度，是指在每个交易日结束之后，交易所结算部门先计算出当日各期货合约结算价格，核算出每个会员每笔交易的盈亏数额，借以调整会员的保证金账户，将盈利作记入账户的贷方，将亏损记入账户的借方。若出现保证金账户上的贷方金额低于维护保证金水平，交易所就通知该会员在限期内缴纳追加保证金。以达到初始保证金水平，否则，就不能参加下一交易日的交易。这种结算方式又称为“逐日盯市”。

任务描述1－1

“327”国债是指1992年发行的三年期国债92（三），1995年6月到期兑换。1995年2月23日，财政部公布的1995年新债发行量被市场人士视为利多，加之“327”国债本身贴息消息日趋明朗，致使全国各地国债期货市场均出现向上突破行情。上海证券交易所327合约空方主力在148.50价位封盘失败、行情飙升后蓄意违规。16点22分之后，空方主力大量透支交易，以千万手的巨量空单，将价格打压至147.50元收盘，使327合约暴跌3.8元，并使当日开仓的多头全线爆仓，造成了传媒所称的“中国的巴林事件”。

“327”风波之后，各交易所采取了提高保证金比例、设置涨跌停板等措施以抑制国债期货的投机气氛。但因国债期货的特殊性和当时的经济形势，其交易中仍风波不断，并于5月10日酿出“319”风波。5月17日，中国证监会作出了暂停国债期货交易试点的决定。至此，中国第一个金融期货品种宣告夭折。

试从现货市场和期货市场的关系论证“327”国债事件发生的原因？

解决方案

一个期货品种的产生必须要有成熟的现货市场条件，缺少必要的现货市场条件的期货品种本身就蕴藏着巨大的风险，如果没有相应的规则进行约束，市场必然出现混乱情况。国债期货赖以存在的是利率市场化，而直到今日，我们的利率市场化尚未完全实现。目前，现货市场存在的种种缺陷已严重影响到期货市场的正常发展，培育和完善现货市场对促进期货市场的发展已显得非常必要。

期货市场的产生和发展要以现货市场的发展为基础，期货市场的出现又能调节和引导现货市场的发展。

任务描述1－2

学生个人以表格形式完成期货市场和证券市场的比较。

解决方案

答案见表1－1。

表1－1

比较项目	期货市场	证券市场
基本经济职能不同	规避风险和价格发现	资源配置和风险定价
交易目的不同	规避现货市场价格风险或获取投机利润	获取利息、股息等收入和资本利得

续表

比较项目	期货市场	证券市场
市场结构不同	不区分一级市场和二级市场	一级市场（发行市场）和二级市场（流通市场）
保证金规定不同	需缴纳期货合约价值一定比例的保证金	一般采用现货交易方式，须交纳全额资金

任务描述 1－3

现在外盘黄金交易很受大家的宠爱，请分析黄金现货和黄金期货交易的不同及相同点。

解决方案

第一步，不同点比较：

（1）交割时间不同

黄金现货是即期和约，在交易之后即可申请交割；黄金期货是远期合约，需要在确定的交割月份进行交割。

（2）交易时间不同

黄金现货是一个二十四小时连续交易的闭环系统；黄金期货则有固定的时间限制，国内黄金期货交易时间限定在早九点到十一点半以及下午一点半到三点之间。

（3）风险不同

黄金现货的风险性要小于黄金期货，其原因在于现货二十四小时交易，随时可以进行平仓，锁定收益或亏损，而黄金期货则由于交易时间的限制，收盘价和第二天的开盘价有巨大的落差，风险无疑增大了很多，这在图形中很好地体现了出来。

（4）收益不同

黄金现货的收益要大于黄金期货，其原因在于现货的杠杆比率为 100，而期货的只有 10 左右。也就是说，同样的一块钱，在现货市场可能赚一百块，在期货市场则只能赚十块而已。

（5）市场不同

黄金现货是外盘市场，各国政府、中央银行、机构公司等都在其中交易，信息完全透明，成交量巨大，控庄的可能性完全没有，完全在于投资者的能力获得收益；期货市场是内盘市场，成交量不够，再加上政府对期货市场的诸多限制，增加了内幕消息的可能性，给庄家提供了可乘之机。

第二步，相同点比较：

（1）保证金交易。黄金现货和黄金期货都是保证金交易，都是一个以小博大的过程，用一定的资金就能控制巨大的财富。

（2）T＋0 交易。黄金现货和黄金期货都可以在开仓之后迅速进行平仓，以最大化地利用自己对市场的判断。

（3）双向交易。黄金现货和黄金期货都可以双向操作，既可以看涨买入，又可以看跌卖出，有效的交易机会增多，资金的利用最大化的同时实现财富最大化。

课堂训练

学生四人一组，扮演客户（第一次进入期货公司，对期货一无所知）和期货公司经纪人，以小组为单位设计场景，轮流解答客户问题。由学生评委根据场景设计的全面性、新颖性和回答问题的准确性进行评价，再由教师进行总结。主要目的在于明确期货的投资特点，与其他投资工具的差异性。

课后训练

一、单项选择题

1. 1848 年，由 82 位商人发起组建的期货交易所是(　　)。

A. 芝加哥商业交易所　　B. 伦敦金属交易所

C. 芝加哥期货交易所　　D. 纽约商品交易所

2. 期货交易之所以具有高收益和高风险的特点是因为(　　)。

A. 合约标准化　　B. 交易集中化

C. 双向交易和对冲机制　　D. 杠杆机制

3. 绝大部分期货交易都可以免除履约责任，这是因为期货交易具有(　　)的特点。

A. 集中化交易　　B. 每日无负债结算制度

C. 实物交割　　D. 双向交易和对冲机制

4. 1993 年 11 月，国务院明确规定负责监督期货市场的机构是(　　)。

A. 国务院证券委员会　　B. 中国人民银行

C. 中国证券监督管理委员会　　D. 国家经贸委

二、多项选择题

1. 关于期货交易和现货交易，下列说法正确的是(　　)。

A. 现货交易覆盖面广，没有特殊限制，交易灵活方便

B. 现货交易回避了期货交易中价格波动的风险

C. 两者相互补充、共同发展

D. 期货交易中，商流和物流发生了分离

2. 商品期货合约的履约方式有(　　)。

A. 现金交割　　B. 实物交割

C. 私下转让　　D. 对冲平仓

三、判断题

1. 人们出于投机心理开始从事期货交易。(　　)

2. 现代意义上的期货交易产生于美国。(　　)

3. 期货交易的双向交易和对冲机制，吸引了大量期货投机者参与交易，而投机者的参与大大增加了期货市场的流动性。(　　)

4. 期货交易要缴纳全额保证金。(　　)

学习单元二　期货交易品种与规则

引导案例

大连价格

“大连价格”已经在国际期货市场崭露锋芒。作为全国最大的农产品期货交易所，大连商品交易所（以下简称“大商所”）的大豆、玉米、豆粕、豆油期货价格目前是国内市场的权威价格，其中玉米、大豆期货价格已经成为国际市场销区的代表性价格。如今，在地球的另一半，每天早晨，芝加哥期货交易所分析人员上班的第一件事，就是上网浏览大商所的大豆价格以便参考；在广袤的东北大地，农民根据期货价格信息种地卖粮、增收致富，粮食企业利用期货市场套期保值、规避风险的事例比比皆是；随着大商所上市品种的增加，交易规模的扩大，“大连价格”日益增强的影响力，使得历史上资本市场相对薄弱的东北地区经济越来越多地感受到来自资本市场的动力。

近年来，随着经济全球化进程的加快，全球资源紧缺形势的不断加剧，各国政府、跨国集团、大型投资机构对商品期货市场的关注日益增加。随着我国农业、能源、制造业等产业的基础性原材料需求日益庞大，对国际商品市场的依存度越来越高，发挥期货市场的功能和作用，来提高我国参与全球商品资源配置的话语权，增强我国对国际商品市场价格形成的影响力，改变被动接受主要基于国外市场供求关系的定价体系的局面显得尤其重要和紧迫。

目前，国际大宗商品贸易价格一般都是以该类商品的期货价格作为基准价格，一些具有国际影响力的期货交易中心由此成为国际商品定价中心。经过十多年的发展，大连期货市场已经成为相关农产品的国内定价中心，在国际市场上也有了一定影响力。从大豆期货品种运行情况来看，近几年大商所大豆期货价格国际影响力不断扩大，通过分析大连期货市场价格，判断 CBOT（芝加哥期货交易所）大豆价格趋势，已成为相当多的 CBOT 市场分析人士每日的重要工作。在玉米期货市场，由于国内进出口配额管理和运输成本的屏障保护，使国内玉米市场独立性相对较强，玉米期货价格充分体现着国内市场的影响因素，玉米进口国的相关企业越来越重视大连玉米期货市场。随着棕榈油期货的上市，我国作为世界第一大棕榈油市场消费国，却在棕榈油贸易领域基本没有什么话语权的尴尬局面也将成为历史。

知识链接

一、期货合约概念

期货合约指由期货交易所统一制定的、规定在将来某一特定的时间和地点交割一定数量和质量实物商品或金融商品的标准化合约。

二、期货合约的标准化条款

（一）交易数量和单位条款

每种商品的期货合约规定了统一的、标准化的数量和数量单位，统称“交易单位”。

（二）质量和等级条款

商品期货合约规定了统一的、标准化的质量等级，一般采用被国际上普遍认可的商品质量等级标准。例如，由于我国黄豆在国际贸易中所占的比例比较大，所以在日本名古屋谷物交易所就以我国产黄豆为该交易所黄豆质量等级的标准品。

（三）交割地点条款

期货合约为期货交易的实物交割指定了标准化的、统一的实物商品的交割仓库，以保证实物交割的正常进行。

（四）交割期条款

商品期货合约对进行实物交割的月份作了规定，一般规定几个交割月份，由交易者自行选择。例如，郑州商品交易所为小麦期货合约规定的交割月份就有1、3、5、7、9、11月，交易者可自行选择交易月份进行交易。如果交易者买进7月份的合约，要么7月前平仓了结交易，要么7月份进行实物交割。

（五）最小变动价位条款

期货交易时买卖双方报价所允许的最小受动幅度，每次报价时价格的变动必须是这个最小变动价位的整数倍。

（六）每日价格最大波动幅度限制条款

交易日期货合约的成交价格不能高于或低于该合约上一交易日结算价的一定幅度。达到该幅度则暂停该合约的交易。例如，郑州商品交易所小麦合约的每日价格最大波动幅度为不高于或不低于上一交易日结算价格的3%。

（七）最后交易日条款

期货合约停止买卖的最后截止日期。每种期货合约都有一定的月份限制，到了合约月份的一定日期，就要停止合约的买卖，准备进行实物交割。例如，郑州商品交易所小麦合约最后交易日为交割月份的倒数第七个交易日。

三、期货上市品种条件

期货上市品种，指期货合约交易的标的物。并不是所有的商品都适合做期货交易，在众多的实物商品中，一般而言只有具备下列属性的商品才能作为期货合约的上市品种。

一是价格波动大。只有商品的价格波动较大，意图回避价格风险的交易者才需要利用远期价格先把价格确定下来。如果商品价格基本不变，商品实行的是垄断价格或计划价格，商品经营者就没有必要利用期货交易固定价格或锁定成本。

二是供需量大。期货市场功能的发挥是以商品供需双方广泛参加交易为前提的，只有现货供需量大的商品才能在大范围进行充分竞争，形成权威价格。

二是易于分级和标准化。期货合约事先规定了交割商品的质量标准，因此，期货品种必须是质量稳定的商品，否则，就难以进行标准化。

四是易于储存、运输。商品期货一般都是远期交割的商品，这就要求这些商品易于储存、不易变质、便于运输，保证期货实物交割的顺利进行。

根据交易品种，期货交易可分为两大类：商品期货和金融期货。以实物商品，如玉米、小麦、铜、铝等作为期货品种的属商品期货。以金融产品，如汇率、利率、股票指数等作为期货品种的属于金融期货。金融期货品种一般不存在质量问题，交割也大都采用差价结算的现金交割方式。

四、期货交易的基本特征

（一）合约标准化

期货交易是通过买卖期货合约进行的，而期货合约是标准化的。期货合约标准化指的是除价格外，期货合约的所有条款都是预先由期货交易所规定好的，具有标准化的特点。期货合约标准化给期货交易带来极大便利，交易双方不需对交易的具体条款进行协商，节约交易时间，减少交易纠纷。

（二）交易集中化

期货交易必须在期货交易所内进行。期货交易所实行会员制，只有会员方能进场交易。那些处在场外的广大客户若想参与期货交易，只能委托期货经纪公司代理交易。所以，期货市场是一个高度组织化的市场，并且实行严格的管理制度，期货交易最终在期货交易所内集中完成。

（三）双向交易和对冲机制

双向交易，也就是期货交易者既可以买入期货合约作为期货交易的开端（称为买入建仓），也可以卖出期货合约作为交易的开端（称为卖出建仓），也就是通常所说的“买空卖空”。与双向交易的特点相联系的还有对冲机制，在期货交易中大多数交易者并不是通过合约到期时进行实物交割来履行合约，而是通过与建仓时的交易方向相反的交易来解除履约责任。具体说就是，买入建仓之后可以通过卖出相同合约的方式解除履约责任，卖出建仓后可以通过买入相同合约的方式解除履约责任。期货交易的双向交易和对冲机制的特点，吸引了大量期货投机者参与交易，因为在期货市场上，投机者有双重的获利机会，期货价格上升时，可以通过低买高卖来获利，价格下降时，可以通过高卖低买来获利，并且投机者可以通过对冲机制免除进行实物交割的麻烦，投机者的参与大大增加了期货市场的流动性。

（四）杠杆机制

期货交易实行保证金制度，也就是说交易者在进行期货交易时需缴纳少量的保证金，一般为成交合约价值的5%～10%，就能完成数倍乃至数十倍的合约交易，期货交易的这种特点吸引了大量投机者参与期货交易。期货交易具有的以少量资金就可以进行较大价值额的投资的特点，被形象地称为“杠杆机制”。期货交易的杠杆机制使期货交易具有高收益、高风险的特点。

（五）每日无负债结算制度

期货交易实行每日无负债结算制度，也就是在每个交易日结束后，对交易者当天的盈亏状况进行结算，在不同交易者之间根据盈亏进行资金划转，如果交易者亏损严重，保证金账户资金不足时，则要求交易者必须在下一日开市前追加保证金，以做到“每日无负债”。期货市场是一个高风险的市场，为了有效地防范风险，将因期货价格不利变动给交易者带来的风险控制在有限的幅度内，从而保证期货市场的正常运转。

五、上海期货交易所交易品种的合约

（一）铜（见表1－2）

表 1-2

交易品种	阴极铜
交易单位	5 吨/手
报价单位	元（人民币）/吨
最小变动价位	10 元/吨
每日价格最大波动限制	不超过上一交易日结算价的 ±3%
合约交割月份	1~12 月
交易时间	上午 9:00~11:30，下午 1:30~3:00 和交易所规定的其他交易时间
最后交易日	合约交割月份的 15 日（遇法定假日顺延）
交割日期	最后交易日后连续五个工作日
交割品级	标准品：阴极铜，符合国标 GB/T 467-2010 中 1 号标准铜（Cu-CATH-2）规定，其中主成分铜加银含量不小于 99.95%
	替代品：阴极铜，符合国标 GB/T 467-2010 中 A 级铜（Cu-CATH-1）规定；或符合 BS EN 1978：1998 中 A 级铜（Cu-CATH-1）规定
交割地点	交易所指定交割仓库
最低交易保证金	合约价值的 5%
交易手续费	不高于成交金额的万分之二（含风险准备金）
交割方式	实物交割
交易代码	CU
上市交易所	上海期货交易所

（二）铝（见表 1-3）

表 1-3

交易品种	铝
交易单位	5 吨/手
报价单位	元（人民币）/吨
最小变动价位	5 元/吨
每日价格最大波动限制	不超过上一交易日结算价的 ±3%
合约交割月份	1~12 月
交易时间	上午 9:00~11:30，下午 1:30~3:00 和交易所规定的其他交易时间
最后交易日	合约交割月份的 15 日（遇法定假日顺延）
交割日期	最后交易日后连续五个工作日

续表

交易品种	铝
交割品级	标准品：铝锭，符合国标 GB/T 1196－2008 AL99.70 规定，其中铝含量不低于 99.70%
	替代品：1. 铝锭，符合国标 GB/T 1196－2008 AL99.85，AL99.90 规定；2. 铝锭，符合 P1020A 标准
交割地点	交易所指定交割仓库
最低交易保证金	合约价值的 5%
交易手续费	不高于成交金额的万分之二（含风险准备金）
交割方式	实物交割
交易代码	AL
上市交易所	上海期货交易所

（三）锌（见表 1－4）

表 1－4

交易品种	锌
交易单位	5 吨/手
报价单位	元（人民币）/吨
最小变动价位	5 元/吨
每日价格最大波动限制	不超过上一交易日结算价的 ±4%
合约交割月份	1～12 月
交易时间	上午 9:00～11:30，下午 1:30～3:00 和交易所规定的其他交易时间
最后交易日	合约交割月份的 15 日（遇法定假日顺延）
交割日期	最后交易日后连续五个工作日
交割品级	标准品：锌锭，符合国标 GB/T 470－2008 ZN99.995 规定，其中锌含量不小于 99.995%
	替代品：锌锭，符合 BS EN 1179：2003 Z1 规定，其中锌含量不小于 99.995%。
交割地点	交易所指定交割仓库
最低交易保证金	合约价值的 5%
交易手续费	不高于成交金额的万分之二（含风险准备金）
最小交割单位	25 吨
交割方式	实物交割
交易代码	ZN
上市交易所	上海期货交易所

（四）铅（见表 1－5）

表 1－5

交易品种	铅
交易单位	5 吨/手
报价单位	元（人民币）/吨
最小变动价位	5 元/吨
每日价格最大波动限制	不超过上一交易日结算价的 ±4%
合约交割月份	1～12 月
交易时间	上午 9:00～11:30，下午 1:30～3:00 和交易所规定的其他交易时间
最后交易日	合约交割月份的 15 日（遇法定假日顺延）
交割日期	最后交易日后连续五个工作日
交割品级	标准品：铅锭，符合国标 GB/T 469－2005 Pb99.994 规定，其中铅含量不小于 99.994%
交割地点	交易所指定交割仓库
最低交易保证金	合约价值的 5%
最小交割单位	25 吨
交割方式	实物交割
交易代码	PB
上市交易所	上海期货交易所

（五）黄金（见表 1－6）

表 1－6

交易品种	黄金
交易单位	1000 克/手
报价单位	元（人民币）/克
最小变动价位	0.05 元/克
每日价格最大波动限制	不超过上一交易日结算价的 ±3%
合约交割月份	最近三个连续月份的合约以及最近 11 个月以内的双月合约
交易时间	上午 9:00～11:30，下午 1:30～3:00 和交易所规定的其他交易时间
最后交易日	合约交割月份的 15 日（遇法定假日顺延）
交割日期	最后交易日后连续五个工作日
交割品级	金含量不小于 99.95% 的国产金锭及经交易所认可的伦敦金银市场协会（LBMA）认定的合格供货商或精炼厂生产的标准金锭（具体质量规定见附件）。

续表

交易品种	黄金
交割地点	交易所指定交割金库
最低交易保证金	合约价值的 4%
交割方式	实物交割
交易代码	AU
上市交易所	上海期货交易所

（六）白银（见表 1 - 7）

表 1 - 7

交易品种	白银
交易单位	15 千克/手
报价单位	元（人民币）/千克
最小变动价位	1 元/千克
每日价格最大波动限制	不超过上一交易日结算价的 ±3%
合约交割月份	1 ~ 12 月
交易时间	上午 9:00 ~ 11:30，下午 1:30 ~ 3:00 和交易所规定的其他交易时间
最后交易日	合约交割月份的 15 日（遇法定假日顺延）
交割日期	最后交易日后连续五个工作日
交割品级	标准品：符合国标 GB/T 4135 - 2002 IC - Ag99. 99 规定，其中银含量不低于 99. 99%
交割地点	交易所指定交割仓库
最低交易保证金	合约价值的 4%
交割方式	实物交割
交割单位	30 千克
交易代码	AG
上市交易所	上海期货交易所

（七）螺纹钢（见表 1 - 8）

表 1 - 8

交易品种	螺纹钢
交易单位	10 吨/手
报价单位	元（人民币）/吨
最小变动价位	1 元/吨
每日价格最大波动限制	不超过上一交易日结算价的 ±3%

续表

交易品种	螺纹钢
合约交割月份	1～12 月
交易时间	上午 9:00～11:30　下午 1:30～3:00
最后交易日	合约交割月份的 15 日（遇法定假日顺延）
交割日期	最后交易日后连续五个工作日
交割品级	标准品：符合国标 GB 1499.2－2007《钢筋混凝土用钢　第 2 部分：热轧带肋钢筋》HRB400 或 HRBF400 牌号的 φ16mm、φ18mm、φ20mm、φ22mm、φ25mm 螺纹钢
	替代品：符合国标 GB 1499.2－2007《钢筋混凝土用钢　第 2 部分：热轧带肋钢筋》HRB335 或 HRBF335 牌号的 φ16mm、φ18mm、φ20mm、φ22mm、φ25mm 螺纹钢
交割地点	交易所指定交割仓库
最低交易保证金	合约价值的 5%
最小交割单位	300 吨
交割方式	实物交割
交易代码	RB
上市交易所	上海期货交易所

（八）线材（见表 1－9）

表 1－9

交易品种	线材
交易单位	10 吨/手
报价单位	元（人民币）/吨
最小变动价位	1 元/吨
每日价格最大波动限制	不超过上一交易日结算价的 ±5%
合约交割月份	1～12 月
交易时间	上午 9:00～11:30　下午 1:30～3:00
最后交易日	合约交割月份的 15 日（遇法定假日顺延）
交割日期	最后交易日后连续五个工作日
交割品级	标准品：符合国标 GB 1499.1－2008《钢筋混凝土用钢　第 1 部分：热轧光圆钢筋》HPB235 牌号的 φ8mm 线材
	替代品：符合国标 GB 1499.1－2008《钢筋混凝土用钢　第 1 部分：热轧光圆钢筋》HPB235 牌号的 φ6.5mm 线材
交割地点	交易所指定交割仓库

续表

交易品种	线材
最低交易保证金	合约价值的 7%
交易手续费	不高于成交金额的万分之二（含风险准备金）
最小交割单位	300 吨
交割方式	实物交割
交易代码	WR
上市交易所	上海期货交易所

（九）燃料油（见表 1－10）

表 1－10

交易品种	燃料油
交易单位	50 吨/手
报价单位	元（人民币）/吨
最小变动价位	1 元/吨
每日价格最大波动限制	上一交易日结算价的 ±5%
合约交割月份	1～12 月（春节月份除外）
交易时间	上午 9:00～11:30　下午 1:30～3:00
最后交易日	合约交割月份前一月份的最后一个交易日
交割日期	最后交易日后连续五个工作日
交割品级	180CST 燃料油（具体质量规定见附件）或质量优于该标准的其他燃料油
交割地点	交易所指定交割地点
最低交易保证金	合约价值的 8%
交割方式	实物交割
交易代码	FU
上市交易所	上海期货交易所

（十）沥青（见表 1－11）

表 1－11

交易品种	石油沥青
交易单位	10 吨/手
报价单位	元（人民币）/吨
最小变动价位	2 元/吨
每日价格最大波动限制	不超过上一交易日结算价的 ±3%

续表

交易品种	石油沥青
合约交割月份	24个月以内，其中最近1~6个月为连续月份合约，6个月以后为季月合约
交易时间	上午9:00~11:30，下午1:30~3:00和交易所规定的其他交易时间
最后交易日	合约交割月份的15日（遇法定假日顺延）
交割日期	最后交易日后连续五个工作日
交割品级	70号A级道路石油沥青，具体内容见《上海期货交易所石油沥青期货交割实施细则（试行）》
交割地点	交易所指定交割地点
最低交易保证金	合约价值的4%
交割方式	实物交割
交易代码	BU
上市交易所	上海期货交易所

（十一）天然橡胶（见表1-12）

表1-12

交易品种	天然橡胶
交易单位	10吨/手
报价单位	元（人民币）/吨
最小变动价位	5元/吨
每日价格最大波动限制	不超过上一交易日结算价的±3%
合约交割月份	1、3、4、5、6、7、8、9、10、11月
交易时间	上午9:00~11:30　下午1:30~3:00
最后交易日	合约交割月份的15日（遇法定假日顺延）
交割日期	最后交易日后连续五个工作日
交割品级	标准品：1. 国产天然橡胶（SCR WF），质量符合国标GB/T8081-2008； 2. 进口3号烟胶片（RSS3），质量符合《天然橡胶等级的品质与包装国际标准（绿皮书）》（1979年版）
交割地点	交易所指定交割仓库
最低交易保证金	合约价值的5%
交割方式	实物交割
交易代码	RU
上市交易所	上海期货交易所

六、大连商品交易所交易品种的合约

（一）玉米（见表 1－13）

表 1－13

交易品种	黄玉米
交易单位	10 吨/手
报价单位	元（人民币）/吨
最小变动价位	1 元/吨
涨跌停板幅度	上一交易日结算价的 4%
合约月份	1、3、5、7、9、11 月
交易时间	每周一至周五上午 9:00～11:30，下午 1:30～3:00
最后交易日	合约月份第十个交易日
最后交割日	最后交易日后第二个交易日
交割等级	大连商品交易所玉米交割质量标准（FC/DCE D001－2013）
交割地点	大连商品交易所玉米指定交割仓库
最低交易保证金	合约价值的 5%
交易手续费	不超过 3 元/手（当前为 1.2 元/手）
交割方式	实物交割
交易代码	C
上市交易所	大连商品交易所

（二）黄大豆 1 号（见表 1－14）

表 1－14

交易品种	黄大豆 1 号
交易单位	10 吨/手
报价单位	元（人民币）/吨
最小变动价位	1 元/吨
涨跌停板幅度	上一交易日结算价的 4%
合约交割月份	1、3、5、7、9、11 月
交易时间	每周一至周五上午 9:00～11:30，下午 1:30～3:00
最后交易日	合约月份第十个交易日
最后交割日	最后交易日后七日（遇法定节假日顺延）
交割等级	大连商品交易所黄大豆 1 号交割质量标准（FA/DCE D001－2012）
交割地点	大连商品交易所指定交割仓库

续表

交易品种	黄大豆1号
交易保证金	合约价值的5%
交易手续费	不超过4元/手（当前暂为2元/手）
交割方式	实物交割
交易代码	A
上市交易所	大连商品交易所

（三）黄大豆2号（见表1-15）

表1-15

交易品种	黄大豆2号
交易单位	10吨/手
报价单位	元（人民币）/吨
最小变动价位	1元/吨
涨跌停板幅度	上一交易日结算价的4%
合约月份	1、3、5、7、9、11月
交易时间	每周一至周五上午9:00~11:30，下午1:30~3:00
最后交易日	合约月份第10个交易日
最后交割日	最后交易日后第3个交易日
交割等级	符合《大连商品交易所黄大豆2号交割质量标准（FB/DCE D001-2013)》
交割地点	大连商品交易所指定交割仓库
最低交易保证金	合约价值的5%
交易手续费	不超过4元/手（当前暂为2元/手）
交割方式	实物交割
交易代码	B
上市交易所	大连商品交易所

（四）豆粕（见表1-16）

表1-16

交易品种	豆粕
交易单位	10吨/手
报价单位	元（人民币）/吨
最小变动价位	1元/吨
涨跌停板幅度	上一交易日结算价的4%

续表

交易品种	豆粕
合约月份	1、3、5、7、8、9、11、12 月
交易时间	每周一至周五上午 9:00 ~ 11:30，下午 1:30 ~ 3:00
最后交易日	合约月份第 10 个交易日
最后交割日	最后交易日后第 4 个交易日
交割等级	大连商品交易所豆粕交割质量标准
交割地点	大连商品交易所指定交割仓库
最低交易保证金	合约价值的 5%
交易手续费	不超过 3 元/手（当前暂为 2 元/手）
交割方式	实物交割
交易代码	M
上市交易所	大连商品交易所

（五）豆油（见表 1 - 17）

表 1 - 17

交易品种	大豆原油
交易单位	10 吨/手
报价单位	元（人民币）/吨
最小变动价位	2 元/吨
涨跌停板幅度	上一交易日结算价的 4%
合约月份	1、3、5、7、8、9、11、12 月
交易时间	每周一至周五上午 9:00 ~ 11:30，下午 1:30 ~ 3:00
最后交易日	合约月份第 10 个交易日
最后交割日	最后交易日后第 3 个交易日
交割等级	大连商品交易所豆油交割质量标准
交割地点	大连商品交易所指定交割仓库
最低交易保证金	合约价值的 5%
交易手续费	不超过 6 元/手（当前暂为 2.5 元/手）
交割方式	实物交割
交易代码	Y
上市交易所	大连商品交易所

（六）棕榈油（见表 1 - 18）

表 1－18

交易品种	棕榈油
交易单位	10 吨/手
报价单位	元（人民币）/吨
最小变动价位	2 元/吨
涨跌停板幅度	上一交易日结算价的 4%
合约月份	1、2、3、4、5、6、7、8、9、10、11、12 月
交易时间	每周一至周五上午 9:00～11:30，下午 1:30～3:00
最后交易日	合约月份第 10 个交易日
最后交割日	最后交易日后第 2 个交易日
交割等级	大连商品交易所棕榈油交割质量标准
交割地点	大连商品交易所棕榈油指定交割仓库
最低交易保证金	合约价值的 5%
交易手续费	不超过 6 元/手（当前暂为 2.5 元/手）
交割方式	实物交割
交易代码	P
上市交易所	大连商品交易所

（七）鸡蛋（见表 1－19）

表 1－19

交易品种	鲜鸡蛋
交易单位	5 吨/手
报价单位	元（人民币）/500 千克
最小变动价位	1 元/500 千克
涨跌停板幅度	上一交易日结算价的 4%
合约月份	1、2、3、4、5、6、9、10、11、12 月
交易时间	每周一至周五上午 9:00～11:30，下午 1:30～3:00
最后交易日	合约月份第 10 个交易日
最后交割日	最后交易日后第 3 个交易日
交割等级	大连商品交易所鸡蛋交割质量标准
交割地点	大连商品交易所鸡蛋指定交割仓库
最低交易保证金	合约价值的 5%
交割方式	实物交割
交易代码	JD
上市交易所	大连商品交易所

（八）胶合板（见表1－20）

表1－20

交易品种	细木工板
交易单位	500张/手
报价单位	元（人民币）/张
最小变动单位	0.05元/张
涨跌停板幅度	上一交易日结算价的4%
合约月份	1、2、3、4、5、6、7、8、9、10、11、12月
交易时间	每周一至周五上午9:00～11:30，下午1:30～3:00
最后交易日	合约月份第10个交易日
最后交割日	最后交易日后第3个交易日
交割等级	大连商品交易所胶合板交割质量标准
交割地点	大连商品交易所胶合板指定交割仓库
最低交易保证金	合约价值的5%
交割方式	实物交割
交易代码	BB
上市交易所	大连商品交易所

（九）纤维板（见表1－21）

表1－21

交易品种	中密度纤维板
交易单位	500张/手
报价单位	元（人民币）/张
最小变动单位	0.05元/张
涨跌停板幅度	上一交易日结算价的4%
合约月份	1、2、3、4、5、6、7、8、9、10、11、12月
交易时间	每周一至周五上午9:00～11:30，下午1:30～3:00
最后交易日	合约月份第10个交易日
最后交割日	最后交易日后第3个交易日
交割等级	大连商品交易所纤维板交割质量标准
交割地点	大连商品交易所纤维板指定交割仓库
最低交易保证金	合约价值的5%
交割方式	实物交割
交易代码	FB
上市交易所	大连商品交易所

（十）聚乙烯（见表1－22）

表1－22

交易品种	线型低密度聚乙烯
交易单位	5吨/手
报价单位	元（人民币）/吨
最小变动价位	5元/吨
涨跌停板幅度	上一交易日结算价的4%
合约月份	1、2、3、4、5、6、7、8、9、10、11、12月
交易时间	每周一至周五上午9:00～11:30，下午1:30～3:00
最后交易日	合约月份第10个交易日
最后交割日	最后交易日后第2个交易日
交割等级	大连商品交易所线型低密度聚乙烯交割质量标准
交割地点	大连商品交易所线型低密度聚乙烯指定交割仓库
最低交易保证金	合约价值的5%
交易手续费	不超过8元/手（当前暂为2.5元/手）
交割方式	实物交割
交易代码	L
上市交易所	大连商品交易所

（十一）聚氯乙烯（见表1－23）

表1－23

交易品种	聚氯乙烯
交易单位	5吨/手
报价单位	元（人民币）/吨
最小变动价位	5元/吨
涨跌停板幅度	上一交易日结算价的4%
合约月份	1、2、3、4、5、6、7、8、9、10、11、12月
交易时间	每周一至周五上午9:00～11:30，下午1:30～3:00
最后交易日	合约月份第10个交易日
最后交割日	最后交易日后第2个交易日
交割等级	质量标准符合《悬浮法通用型聚氯乙烯树脂（GB/T 5761－2006）》规定的SG5型一等品和优等品
交割地点	大连商品交易所指定交割仓库
最低交易保证金	合约价值的5%

续表

交易品种	聚氯乙烯
交易手续费	不超过6元/手（当前为2元/手）
交割方式	实物交割
交易代码	V
上市交易所	大连商品交易所

（十二）焦炭（见表1-24）

表1-24

交易品种	冶金焦炭
交易单位	100吨/手
报价单位	元（人民币）/吨
最小变动价位	1元/吨
涨跌停板幅度	上一交易日结算价的4%
合约月份	1、2、3、4、5、6、7、8、9、10、11、12月
交易时间	每周一至周五上午9:00~11:30，下午1:30~3:00
最后交易日	合约月份第10个交易日
最后交割日	最后交易日后第2个交易日
交割等级	大连商品交易所焦炭交割质量标准
交割地点	大连商品交易所焦炭指定交割仓库
最低交易保证金	合约价值的5%（当前暂为6%）
交割方式	实物交割
交易代码	J
上市交易所	大连商品交易所

（十三）焦煤（见表1-25）

表1-25

交易品种	焦煤
交易单位	60吨/手
报价单位	元（人民币）/吨
最小变动价位	1元/吨
涨跌停板幅度	上一交易日结算价的4%
合约月份	1、2、3、4、5、6、7、8、9、10、11、12月
交易时间	每周一至周五上午9:00~11:30，下午1:30~3:00

续表

交易品种	焦煤
最后交易日	合约月份第 10 个交易日
最后交割日	最后交易日后第 3 个交易日
交割等级	大连商品交易所焦煤交割质量标准
交割地点	大连商品交易所焦煤指定交割仓库
最低交易保证金	合约价值的 5%
交割方式	实物交割
交易代码	JM
上市交易所	大连商品交易所

（十四）铁矿石（见表 1－26）

表 1－26

交易品种	铁矿石
交易单位	100 吨/手
报价单位	元（人民币）/吨
最小变动单位	1 元/吨
涨跌停板幅度	上一交易日结算价的 4%
合约月份	1、2、3、4、5、6、7、8、9、10、11、12 月
交易时间	每周一至周五上午 9:00～11:30，下午 1:30～3:00
最后交易日	合约月份第 10 个交易日
最后交割日	最后交易日后第 3 个交易日
交割等级	大连商品交易所铁矿石交割质量标准
交割地点	大连商品交易所铁矿石指定交割仓库及指定交割地点
最低交易保证金	合约价值的 5%
交割方式	实物交割
交易代码	I
上市交易所	大连商品交易所

七、郑州商品交易所交易品种的合约

（一）强麦（见表 1－27）

表 1－27

交易品种	优质强筋小麦（简称“强麦”）
交易单位	20 吨/手
报价单位	元（人民币）/吨

续表

交易品种	优质强筋小麦（简称“强麦”）
最小变动价位	1元/吨
每日价格波动限制	上一个交易日结算价±4%及《郑州商品交易所期货交易风险控制管理办法》相关规定
最低交易保证金	合约价值的5%
合约交割月份	1、3、5、7、9、11月
交易时间	每周一至周五上午9:00～11:30，下午1:30～3:00
最后交易日	合约交割月份的第10个交易日
最后交割日	合约交割月份的第12个交易日
交割品级	符合《中华人民共和国国家标准 小麦》（GB 1351－2008）的三等及以上小麦，且稳定时间、湿面筋等指标符合《郑州商品交易所期货交割细则》规定要求
交割地点	交易所指定交割仓库
交割方式	实物交割
交易代码	WH
上市交易所	郑州商品交易所

（二）普麦（见表1－28）

表1－28

交易品种	普通小麦
交易单位	50吨/手
报价单位	元（人民币）/吨
最小变动价位	1元/吨
每日价格波动限制	上一个交易日结算价的±4%及《郑州商品交易所期货交易风险控制管理办法》相关规定
最低交易保证金	合约价值的5%
合约交割月份	1、3、5、7、9、11月
交易时间	每周一至周五上午9:00～11:30，下午1:30～3:00
最后交易日	合约交割月份的第10个交易日
最后交割日	仓单交割：合约交割月份的第12个交易日
	车船板交割：合约交割月份的次月20日
交割品级	符合《中华人民共和国国家标准 小麦》（GB 1351－2008）的三等及以上小麦，且物理指标等符合《郑州商品交易所期货交割细则》规定要求

续表

交易品种	普通小麦
交割地点	交易所指定交割仓库及指定交割计价点
交割方式	实物交割
交易代码	PM
上市交易所	郑州商品交易所

（三）棉花（见表1－29）

表1－29

交易品种	棉花
交易单位	5吨/手（公定重量）
报价单位	元（人民币）/吨
最小变动价位	5元/吨
每日价格最大波动限制	不超过上一交易日结算价的±4%及《郑州商品交易所期货交易风险控制管理办法》相关规定
合约交割月份	1、3、5、7、9、11月
交易时间	每周一至周五上午9:00～11:30，下午1:30～3:00
最后交易日	合约交割月份的第10个交易日
最后交割日	合约交割月份的第12个交易日
交割品级	基准交割品：符合GB 1103.1－2012《棉花 第1部门：锯齿加工西绒棉》规定的3128B级，且长度整齐度为U3档，断裂比强度为S3档，轧工质量为P2档的国产棉花；替代品详见交易所交割细则；替代品升贴水见交易所公告
交割地点	交易所指定棉花交割仓库
最低交易保证金	合约价值的5%
交割方式	实物交割
交易代码	CF
上市交易所	郑州商品交易所

（四）白糖（见表1－30）

表1－30

交易品种	白砂糖
交易单位	10吨/手
报价单位	元（人民币）/吨
最小变动价位	1元/吨

续表

交易品种	白砂糖
每日价格最大波动限制	不超过上一个交易日结算价的 ±4%
合约交割月份	1、3、5、7、9、11 月
交易时间	每周一至周五上午 9:00 ~ 11:30，下午 1:30 ~ 3:00
最后交易日	合约交割月份的第 10 个交易日
最后交割日	合约交割月份的第 12 个交易日
交割品级	标准品：一级白糖（符合 GB 317 - 2006）；替代品及升贴水见《郑州商品交易所期货交割细则》
交割地点	交易所指定仓库
最低交易保证金	合约价值的 6%
交易手续费	4 元/手（含风险准备金）
交割方式	实物交割
交易代码	SR
上市交易所	郑州商品交易所

（五）PTA（见表 1 - 31）

表 1 - 31

交易品种	精对苯二甲酸（PTA）
交易单位	5 吨/手
报价单位	元（人民币）/吨
最小变动价位	2 元/吨
每日价格最大波动限制	不超过上一交易日结算价的 ±4%
合约交割月份	1、2、3、4、5、6、7、8、9、10、11、12 月
交易时间	每周一至周五上午 9:00 ~ 11:30，下午 1:30 ~ 3:00
最后交易日	交割月第 10 个交易日
最后交割日	交割月第 12 个交易日
交割品级	符合工业用精对苯二甲酸 SH/T 1612. 1 - 2005 质量标准的优等品 PTA
交割地点	交易所指定仓库
最低交易保证金	合约价值的 6%
交易手续费	不高于 4 元 /手（含风险准备金）
交割方式	实物交割
交易代码	TA
上市交易所	郑州商品交易所

（六）菜籽油（见表1－32）

表1－32

交易品种	菜籽油
交易单位	10 吨/手
报价单位	元（人民币）/吨
最小变动价位	2 元 / 吨
每日价格波动限制	上一交易日结算价的 ±4% 及《郑州商品交易所期货交易风险控制管理办法》相关规定
最低交易保证金	合约价值的 5%
合约交割月份	1、3、5、7、9、11 月
交易时间	每周一至周五上午 9:00～11:30，下午 1:30～3:00
最后交易日	合约交割月份的第 10 个交易日
最后交割日	合约交割月份的第 12 个交易日
交割品级	基准交割品：符合《中华人民共和国国家标准 菜籽油》（GB 1536－2004）四级质量指标的菜油
交割地点	交易所指定交割仓库
交割方式	实物交割
交易代码	OI

（七）早籼稻（见表1－33）

表1－33

交易品种	早籼稻
交易单位	20 吨/手
报价单位	元（人民币）/吨
最小变动价位	1 元/吨
每日价格波动限制	上一交易日结算价的 ±4% 及《郑州商品交易所期货交易风险控制管理办法》相关规定
最低交易保证金	合约价值的 5%
合约交割月份	1、3、5、7、9、11 月
交易时间	每周一至周五上午 9:00～11:30，下午 1:30～3:00
最后交易日	合约交割月份的第 10 个交易日
最后交割日	合约交割月份的第 12 个交易日
交割品级	基准交割品：符合《中华人民共和国国家标准 稻谷》（GB 1350－2009）三等及以上等级质量指标及《郑州商品交易所期货交割细则》规定的早籼稻谷

续表

交易品种	早籼稻
交割地点	交易所指定交割仓库
交割方式	实物交割
交易代码	RI
上市交易所	郑州商品交易所

（八）甲醇（见表1-34）

表1-34

交易品种	甲醇
交易单位	50吨/手
报价单位	元（人民币）/吨
最小变动价位	1元/吨
每日价格最大波动限制	不超过上一交易日结算价的±4%及《郑州商品交易所期货交易风险控制管理办法》相关规定
最低交易保证金	合约价值的6%
合约交割月份	1—12月
交易时间	每周一至周五上午9:00~11:30，下午1:30~3:00
最后交易日	合约交割月份的第10个交易日
最后交割日	合约交割月份的第12个交易日
交割品级	见《郑州商品交易所期货交割细则》
交割地点	交易所指定交割地点
交割方式	实物交割
交易代码	ME
上市交易所	郑州商品交易所

（九）玻璃（见表1-35）

表1-35

交易品种	平板玻璃（简称“玻璃”）
交易单位	20吨/手
报价单位	元（人民币）/吨
最小变动价位	1元/吨
每日价格波动限制	上一交易日结算价的±4%及《郑州商品交易所期货交易风险控制管理办法》相关规定
最低交易保证金	合约价值的6%

续表

交易品种	平板玻璃（简称“玻璃”）
合约交割月份	1～12 月
交易时间	每周一至周五上午 9:00～11:30，下午 1:30～3:00
最后交易日	合约交割月份的第 10 个交易日
最后交割日	合约交割月份的第 12 个交易日
交割品级	见《郑州商品交易所期货交割细则》
交割地点	交易所指定交割地点
交割方式	实物交割
交易代码	FG
上市交易所	郑州商品交易所

（十）油菜籽（见表 1－36）

表 1－36

交易品种	油菜籽（简称“菜籽”）
交易单位	10 吨/手
报价单位	元（人民币）/吨
最小变动价位	1 元/吨
每日价格波动限制	上一交易日结算价的 ±4% 及《郑州商品交易所期货交易风险控制管理办法》相关规定
最低交易保证金	合约价值的 5%
合约交割月份	7、8、9、11 月
交易时间	每周一至周五上午 9:00～11:30，下午 1:30～3:00
最后交易日	合约交割月份的第十个交易日
最后交割日	仓单交割：合约交割月份的第 12 个交易日
	车板交割：合约交割月份的次月 20 日
交割品级	见《郑州商品交易所期货交割细则》
交割地点	交易所指定交割地点
交割方式	实物交割
交易代码	RS
上市交易所	郑州商品交易所

（十一）菜籽粕（见表 1－37）

表 1－37

交易品种	菜籽粕（简称“菜粕”）
交易单位	10 吨/手
报价单位	元（人民币）/吨
最小变动价位	1 元/吨
每日价格波动限制	上一交易日结算价的 ±4% 及《郑州商品交易所期货交易风险控制管理办法》相关规定
最低交易保证金	合约价值的 5%
合约交割月份	1、3、5、7、8、9、11 月
交易时间	每周一至周五上午 9:00～11:30，下午 1:30～3:00
最后交易日	合约交割月份的第 10 个交易日
最后交割日	合约交割月份的第 12 个交易日
交割品级	见《郑州商品交易所期货交割细则》
交割地点	交易所指定交割地点
交割方式	实物交割
交易代码	RM
上市交易所	郑州商品交易所

（十二）动力煤（见表 1－38）

表 1－38

交易品种	动力煤
交易单位	200 吨/手
报价单位	元（人民币）/吨
最小变动价位	0.2 元/吨
每日价格波动限制	上一交易日结算价的 ±4% 及《郑州商品交易所 期货交易风险控制管理办法》相关规定
最低交易保证金	合约价值的 5%
合约交割月份	1～12 月
交易时间	每周一至周五（北京时间法定节假日除外）上午 9:00～11:30 下午 1:30～3:00 最后交易日上午 9:00～11:30
最后交易日	合约交割月份的第 5 个交易日
最后交割日	车（船）板交割：合约交割月份的最后 1 个日历日 仓单交割：合约交割月份的第 7 个交易日
交割品级	见《郑州商品交易所期货交割细则》
交割地点	交易所指定交割地点

续表

交易品种	动力煤
交割方式	实物交割
交易代码	TC
上市交易所	郑州商品交易所

（十三）粳稻（见表1－39）

表1－39

交易品种	粳稻谷（简称“粳稻”）
交易单位	20吨/手
报价单位	元（人民币）/吨
最小变动价位	1元/吨
每日价格波动限制	上一交易日结算价的±4%及《郑州商品交易所风险控制管理办法》相关规定
最低交易保证金	合约价值的5%
合约交割月份	11、1、3、5、7、9月
交易时间	每周一至周五（北京时间法定节假日除外）上午9:00～11:30 下午1:30～3:00 最后交易日上午9:00～11:30
最后交易日	合约交割月份的第10个交易日
最后交割日	合约交割月份的第12个交易日
交割品级	见《郑州商品交易所期货交割细则》
交割地点	交易所指定交割地点
交割方式	实物交割
交易代码	JR
上市交易所	郑州商品交易所

八、中国金融期货交易所交易品种的合约

（一）沪深300股指期货（见表1－40）

表1－40

合约标的	沪深300指数
合约乘数	每点300元
报价单位	指数点
最小变动价位	0.2点
合约月份	当月、下月及随后两个季月

续表

合约标的	沪深 300 指数
交易时间	上午：9:15 ~ 11:30，下午：13:00 ~ 15:15
最后交易日交易时间	上午：9:15 ~ 11:30，下午：13:00 ~ 15:00
每日价格最大波动限制	上一个交易日结算价的 ±10%
最低交易保证金	合约价值的 12%
最后交易日	合约到期月份的第三个周五，遇国家法定假日顺延
交割日期	同最后交易日
交割方式	现金交割
交易代码	IF
上市交易所	中国金融期货交易所

（二）5 年期国债期货（见表 1 – 41）

表 1 – 41

合约标的	面值为 100 万元人民币、票面利率为 3% 的名义中期国债
可交割国债	合约到期月首日剩余期限为 4 ~ 7 年的记账式附息国债
报价方式	百元净价报价
最小变动价位	0.002 元
合约月份	最近的三个季月（3 月、6 月、9 月、12 月中的最近三个月循环）
交易时间	上午 09:15 ~ 11:30，下午 1:00 ~ 3:15
最后交易日交易时间	09:15 ~ 11:30
每日价格最大波动限制	上一交易日结算价的 ±2%
最低交易保证金	合约价值的 2%
最后交易日	合约到期月份的第二个星期五
最后交割日	最后交易日后的第三个交易日
交割方式	实物交割
交易代码	TF
上市交易所	中国金融期货交易所

（三）10 年期国债期货（见表 1 – 42）

表 1 – 42

合约标的	面值为 100 万元人民币、票面利率为 3% 的名义长期国债
可交割国债	合约到期月份首日剩余期限为 6.5 ~ 10.25 年的记账式附息国债
报价方式	百元净价报价

续表

合约标的	面值为100万元人民币、票面利率为3%的名义长期国债
最小变动价位	0.005元
合约月份	最近的三个季月（3月、6月、9月、12月中的最近三个月循环）
交易时间	上午9:15~11:30，下午1:00~3:15
最后交易日交易时间	9:15~11:30
每日价格最大波动限制	上一交易日结算价的±2%
最低交易保证金	合约价值的2%
最后交易日	合约到期月份的第二个星期五
最后交割日	最后交易日后的第三个交易日
交割方式	实物交割
交易代码	T
上市交易所	中国金融期货交易所

（四）上证50股指期货（见表1-43）

表1-43

合约标的	上证50指数
合约乘数	每点300元
报价单位	指数点
最小变动价位	0.2点
合约月份	当月、下月及随后两个季月
交易时间	上午：9:30~11:30，下午：1:00~3:00
每日价格最大波动限制	上一个交易日结算价的±10%
最低交易保证金	合约价值的8%
最后交易日	合约到期月份的第三个周五，遇国家法定假日顺延
交割日期	同最后交易日
交割方式	现金交割
交易代码	IH
上市交易所	中国金融期货交易所

（五）中证500股指期货（见表1-44）

表 1－44

合约标的	中证 500 指数
合约乘数	每点 200 元
报价单位	指数点
最小变动价位	0.2 点
合约月份	当月、下月及随后两个季月
交易时间	上午：9:30～11:30，下午：1:00～3:00
每日价格最大波动限制	上一个交易日结算价的 ±10%
最低交易保证金	合约价值的 8%
最后交易日	合约到期月份的第三个周五，遇国家法定假日顺延
交割日期	同最后交易日
交割方式	现金交割
交易代码	IC
上市交易所	中国金融期货交易所

九、期货交易规则

（一）保证金制度

保证金制度是指在期货交易中，任何交易者必须按照其所买卖期货合约价值的一定比例（通常为 5%～15%）缴纳资金，用于结算和保证履约。

保证金分为结算准备金和交易保证金。结算准备金是指会员为了交易结算，在交易所专用结算账户中预先准备的资金，是未被合约占用的保证金。交易保证金是指会员在交易所专用结算账户中确保合约履行的资金，是已被合约占用的保证金。当买卖双方成交后，交易所按持仓合约价值的一定比率向双方收取的交易保证金。交易所可根据期货市场的具体情况调整交易保证金水平。

对于一般客户来讲，必须通过期货公司才能进行交易，因此，交易所并不直接向客户收取保证金。保证金的收取是分级进行的，即期货交易所向会员收取的保证金和作为会员的期货公司向客户收取的保证金，分别为会员保证金和客户保证金。

《期货交易管理条例》中规定，期货交易应当严格执行保证金制度。期货交易所向会员、期货公司向客户收取的保证金，不得低于国务院期货监督管理机构、期货交易所规定的标准，并应当与自有资金分开，专户存放。期货交易所向会员收取的保证金属于会员所有，除用于会员的交易结算外，严禁挪作他用。期货公司向客户收取的保证金属于客户所有，除下列可划转的情形外，严禁挪作他用。

第一，依据客户的要求支付可用资金；

第二，为客户交存保证金，支付手续费、税款；

第三，国务院期货监督管理机构规定的其他情形。

期货交易所会员、客户可以使用标准仓单、国债等价值稳定、流动性强的有价证券充抵保证金进行期货交易。有价证券的种类、价值的计算方法和充抵保证金的比例等，由国务院期货监督管理机构规定。

经中国证监会批准，交易所可以调整交易保证金。交易所调整保证金的主要目的在于控制风险。在出现以下几种情况时，交易所可以调整交易保证金比率，以提高会员或客户的履约能力。

第一，对期货合约上市运行的不同阶段规定不同的交易保证金比率。一般来说，距交割月份越近，交易者面临到期交割的可能性就越大。为了防止实物交割中可能出现的违约风险，促使不愿进行实物交割的交易者尽快平仓了结，交易保证金比率应随着交割临近而提高。

第二，随着合约持仓量的增大，交易所将逐步提高该合约交易保证金比例。一般来说，随着合约持仓量增加，尤其是持仓合约所代表的期货商品的数量远远超过相关商品现货数量时，往往表明期货市场投机交易比较大，蕴涵着较大的风险。因此，随着合约持仓量的增大，交易所将逐步提高该合约的交易保证金比例来控制市场风险。

交易过程中，当某一合约持仓量达到某一级持仓总量时，新开仓合约按该级交易保证金标准收取。交易结束后，交易所对全部持仓收取与持仓总量相对应的交易保证金。

第三，当某期货合约出现涨跌停板的情况时，交易保证金比率相应提高，具体规定看涨跌停板制度相关内容。

第四，当某品种某月份合约按结算价计算的价格变化，连续若干个交易日的累积涨跌幅达到一定程度时，交易所有权根据市场情况，对部分或全部会员的单边或双边、同比例或不同比例提高交易保证金，限制部分会员或全部会员出金，暂停部分会员或全部会员开新仓，调整涨跌停板幅度，限期平仓，强行平仓等措施中的一种或多种措施，以控制风险。

以上海期货交易所天然橡胶为例，当某天然橡胶期货合约连续三个交易日（即 D1、D2、D3 交易日）的累计涨跌幅（N）达到 9%；或连续四个交易日（即 D1、D2、D3、D4 交易日）的累计涨跌幅（N）达到 12%；或连续五个交易日（即 D1、D2、D3、D4、D5 交易日）的累计涨跌幅（N）达到 13.5% 时，交易所可以根据市场情况，采取单边或双边、同比例或不同比例、部分会员或全部会员提高交易保证金，限制部分会员或全部会员出金，暂停部分会员或全部会员开新仓，调整涨跌停板幅度，限期平仓，强行平仓等措施中的一种或多种措施，但调整后的涨跌停板幅度不超过 20%。

第五，当某期货合约交易出现异常情况时，交易所可按规定的程序调整交易保证金的比例。

第六，对同时满足本办法有关调整交易保证金规定的合约，其交易保证金按照规定交易保证金数值中的较大值收取。

（二）当日无负债制度

期货交易结算是由期货交易所统一组织进行的。期货交易所实行当日无负债结算制度，又称“逐日盯市”。它是指每日交易结束后，交易所按当日结算价结算所有合约的盈亏、交易保证金及手续费、税金等费用，对应收、应付的款项同时划转，相应增加或减少会员的结算准备金。

我国《期货交易管理条例》规定，期货交易的结算由期货交易所统一组织进行。期货交易所实行当日无负债结算制度。期货交易所应当在当日及时将结算结果通知会员。期货公司根据期货交易所的结算结果对客户进行结算，并应当将结算结果按照与客户约定的方式及时通知客户。客户应当及时查询并妥善处理自己的交易持仓。

期货交易所会员的保证金不足时，应当及时追加保证金或者自行平仓。会员未在期货交易所规定的时间内追加保证金或者自行平仓的，期货交易所应当将该会员的合约强行平仓，强行平仓的有关费用和发生的损失由该会员承担。

客户保证金不足时，应当及时追加保证金或者自行平仓。客户未在期货公司规定的时间内及时追加保证金或者自行平仓的，期货公司应当将该客户的合约强行平仓，强行平仓的有关费用和发生的损失由该客户承担。

（三）涨跌停板制度

涨跌停板制度，又称每日价格最大波动限制，即指期货合约在一个交易日中的交易价格波动不得高于或者低于规定的涨跌幅度，超过该涨跌幅度的报价将被视为无效，不能成交。涨跌停板一般是以合约上一交易日的结算价为基准确定的。也就是说，合约上一交易日的结算价加上允许的最大涨幅构成当日价格上涨的上限，称为涨停板；而该合约上一交易日的结算价减去允许的最大跌幅则构成当日价格下跌的下限，称为跌停板。

涨跌停板的确定，主要取决于该种商品现货市场价格波动的频繁程度和波幅的大小。一般来说，商品的价格波动越频繁、越剧烈，该商品期货合约的每日停板额就应设置得大一些；反之，则小一些。

制定涨跌停板制度，是因为每日结算制度只能将风险控制在一个交易日之内，如果在交易日之内期货价格发生剧烈波动，仍然可能会造成会员和客户的保证金账户大面积亏损甚至透支，期货交易所将难以担保合约的履行并控制风险。涨跌停板的实施，能够有效地减缓、抑制一些突发性事件和过度投机行为对期货价格的冲击而造成的狂涨暴跌，减缓每一交易日的价格波动，交易所、会员和客户的损失也被控制在相对较小的范围内。而且，由于这一制度能够锁定会员和客户每一交易日所持有合约的最大盈亏，这就为保证金制度的实施创造了有利条件。这是因为向会员和客户收取的保证金数额只要大于在涨跌幅度内可能发生的亏损金额，就能够保证当日期货价格波动达到涨停板或跌停板时也不会出现透支情况。

（四）持仓限额制度

持仓限额制度是指交易所规定会员或客户可以持有的，按单边计算的某一合约投机头寸的最大数额。实行持仓限额制度的目的在于防范操纵市场价格的行为和防止期货市场风险过度集中于少数投资者。

我国期货交易所对持仓限额制度的具体规定如下：

第一，交易所可以根据不同期货品种的具体情况，分别确定每一品种每一月份合约的限仓数额；某一月份合约在其交易过程中的不同阶段，分别适用不同的限仓数额，进入交割月份的合约限仓数额从严控制。

第二，采用限制会员持仓和限制客户持仓相结合的办法，控制市场风险。

第三，套期保值交易头寸实行审批制，其持仓不受限制。

第四，同一投资者在不同经纪会员处开有多个交易编码，各交易编码上所有持仓头寸的合计数，不得超出一个投资者的限仓数额。

第五，交易所可根据经纪会员的净资产和经营情况调整其持仓限额，对于净资本金额或交易金额较大的经纪会员可增加限仓数额。经纪会员的限仓数额，由交易所每一年核定一次。

第六，交易所调整限仓数额须经理事会批准，并报中国证监会备案后实施。

第七，会员或客户的持仓数量不得超过交易所规定的持仓限额。对超过持仓限额的会员或投资者，交易所按有关规定执行强行平仓。一个投资者在不同经纪会员处开有多个交易编码，其持仓量合计数超出限仓数额的，由交易所指定有关经纪会员对该客户超额持仓执行强行平仓。

经纪会员名下全部投资者的持仓之和超过该会员的持仓限额的，经纪会员原则上应按合计数与限仓数之差除以合计数所得比例，由该会员监督其有关投资者在规定时间内完成减仓；应减仓而未减仓的，由交易所按有关规定执行强行平仓。

（五）强制平仓制度

强行平仓制度是指当会员、投资者违规时，交易所对有关持仓实行平仓的一种强制措施。强行平仓制度也是交易所控制风险的手段之一。

我国期货交易所对强行平仓制度的主要规定如下。

第一，当会员、投资者出现下列情形之一时，交易所有权对其持仓进行强行平仓。

（1）会员结算准备金余额小于零，并未能在规定时限内补足的；

（2）持仓量超出其限仓规定的；

（3）因违规受到交易所强行平仓处罚的；

（4）根据交易所的紧急措施应予强行平仓的；

（5）其他应予强行平仓的。

第二，强行平仓的执行原则。强行平仓先由会员自己执行，时限除交易所特别规定外，一律为开市后第一节交易时间内。若时限内会员未执行完毕，则由交易所强制执行。因结算准备金小于零而被要求强行平仓的，在保证金补足前，禁止相关会员的开仓交易。

第三，由会员单位执行的强行平仓头寸的确定。属于上述（1）、（2）项的强行平仓，其需强行平仓头寸由会员单位自行确定，只要强行平仓结果符合交易所规则即可；属上述（3）、（4）、（5）项的强行平仓，其需强行平仓头寸由交易所确定。

第四，由交易所执行的强行平仓头寸的确定。属上述（1）项的强行平仓：其需要强行平仓的头寸由交易所按先投机、后套期保值的原则，并按上一交易日闭市后合约总持仓量由大到小顺序，先选择持仓量大的合约作为强行平仓的合约，再按该会员所有投资者该合约的净持仓亏损由大到小确定。若多个会员需要强行平仓的，按追加保证金由大到小的顺序，先平需要追加保证金大的会员。

属上述（2）项的强行平仓：若系一个会员超仓，其需强行平仓头寸由交易所按会员超仓数量与会员投机持仓数量的比例确定有关投资者的平仓数量；若系多个会员超仓，其需强行平仓头寸按会员超仓数量由大到小顺序，先选择超仓数量大的会员作为强行平仓的对象；若系投资者超仓，则对该投资者的超仓头寸进行强行平仓；若系会员和投资者同时超仓，则先对超仓的投资者进行平仓，再按会员超仓的方法平仓。

属上述（3）、（4）、（5）项的强行平仓，强行平仓头寸由交易所根据涉及的会员和投资者具体情况确定。

若会员同时满足上述（1）、（2）项情况，交易所先按（2）项情况确定强行平仓头寸，再按（1）项情况确定强行平仓头寸。

第五，强行平仓的执行程序。

第一步：通知。交易所以“强行平仓通知书”（以下简称通知书）的形式向有关会员下达强行平仓要求。通知书除交易所特别送达以外，随当日结算数据发送，有关会员可以通过会员服务系统获得。

第二步：执行及确认。开市后，有关会员必须首先自行平仓，直至达到平仓要求。执行结果由交易所审核。超过会员自行强行平仓时限而未执行完毕的，剩余部分由交易所直接执行强行平仓；强行平仓执行完毕后，由交易所记录执行结果存档；强行平仓结果随当日成交记录发送，有关会员可以通过会员服务系统获得。

第六，强行平仓的价格通过市场交易形成。因受价格涨跌停板或其他市场原因制约而无法在规定时限内完成全部强行平仓的，其剩余持仓头寸可以顺延至下一交易日继续平仓，仍按强行平仓原则执行，直至平仓完毕。如因价格涨跌停板限制或其他市场原因而无法在当日完成全部强行平仓的，交易所根据结算结果，对该会员做出相应的处理。由于价格涨跌停板限制或其他市场原因，有关持仓的强行平仓只能延时完成的，而因此发生的亏损，仍由直接责任人承担；未能完成平仓的，该持仓持有者须继续对此承担持仓责任或交割义务。

第七，由会员单位执行的强行平仓产生的盈利仍归直接责任人；由交易所执行的强制平仓产生的盈亏按国家有关规定执行；因强行平仓发生的亏损由直接责任人承担。直接责任人是投资者的，强行平仓后发生的亏损，由该投资者开户所在经纪会员先行承担后，自行向该客户追索。

（六）风险准备金制度

风险准备金制度是指，为了维护期货市场正常运转提供财务担保和弥补因不可预见风险带来的亏损而提取的专项资金的制度。期货交易是一种高风险的交易活动，尤其是当价格发生剧烈变动，有可能出现投资者大面积亏损以致不能履约等情况时，这会直接影响期货市场的正常运转，期货市场的信誉也会受损。为此，需要交易所、期货经纪机构等相关机构提取一定的资金，用于提供财务担保和弥补不可预见风险带来的亏损。

我国《期货交易管理条例》规定，期货交易所、期货公司、非期货公司结算会员应当按照国务院期货监督管理机构及财政部门的规定提取、管理和使用风险准备金，不得挪用。

（七）信息披露制度

信息披露制度是指期货交易所按有关规定定期公布期货交易有关信息的制度。

期货交易遵循公平、公开、公正的原则，信息的公开与透明是“三公”原则的体现。它要求期货交易所应当及时公布上市品种期货合约的有关信息及其他应当公布的信息，并保证信息的真实、完整和准确。只有这样，期货交易的所有交易者才能在公平、公开的基础上接收真实、完整和准确的信息，从而有助于交易者根据所获信息做出正确决策，防止不法交易者利用内幕信息获取不正当利益，损害其他交易者利益。

交易所期货交易信息主要包括在交易所期货交易活动中所产生的所有上市品种的期货交易行情、各种期货交易数据统计资料、交易所发布的各种公告信息以及中国证监会指定披露的其他相关信息。以郑州商品交易所为例，其信息披露制度的主要具体规定如下。

第一，交易所按即时、每日、每周、每月向会员、投资者和社会公众提供期货交易信息。

（1）即时行情是指在交易时间内，与交易活动同步发布的交易行情信息。信息内容主要有：商品名称、交割月份、最新价、涨跌、成交量、持仓量、持仓量变化、申买价、申卖价、申买量、申卖量、每笔成交量、结算价、开盘价、收盘价、最高价、最低价、前结算价。

（2）每日期货交易信息发布是指在每个交易日结束后发布的有关当日期货交易信息。信息内容主要有：①每日行情，包括商品名称、交割月份、开盘价、最高价、最低价、收盘价、前结算价、结算价、涨跌、成交量、持仓量、持仓量变化、成交额；②最近交割月及活跃月份前20名会员的成交量、买卖持仓量及所有月份套期保值持仓量。

（3）每周期货交易信息发布是指在每周最后一个交易日结束后发布的期货交易信息。信息内容主要有：①每周行情，包括商品名称、交割月份、周开盘价、最高价、最低价、周收盘价、涨跌（周末收盘价与上周末结算价之差）、持仓量、持仓量变化（本周末持仓量与上周末持仓量之差）、周末结算价、成交量、成交额；②各上市商品标准仓单数量及与上次发布的增减量，可供交割库容量等情况；③交割配对完成后的第一个周五发布交割配对结果，并在最后交割日后公布实物交割量。

（4）每月期货交易信息发布是指在每月最后一个交易日结束后交易所发布的期货交易信息。信息内容主要有：①每月行情，包括商品名称、交割月份、月开盘价、最高价、最低价、月末收盘价、涨跌（月末收盘价与上月末结算价之差）、持仓量、持仓量变化（本月末持仓量与上月末持仓量之差）、月末结算价、成交量、成交额；②各指定交割仓库标准仓单量。

（5）每年期货交易信息发布是指在每年最后一个交易日结束后交易所发布的期货交易信息。信息内容主要有：①所有品种总交易量和总交易金额，分品种交易量和交易金额；②前20名会员成交量及成交金额排名；③各指定交割库总注册量和分品种注册仓单量；④总交割量和分品种交割量，期转现量和车（船）板交割量。

第二，交易所期货即时行情，通过计算机网络传送至交易席位，并通过与交易所签订协议的有关公共媒体和信息商对社会公众发布。

第三，交易所应当建立同步报价和即时成交回报系统。

第四，交易所、会员对不宜公开的交易资料、资金情况等信息有保密义务。

第五，因信息经营机构或公众媒体转发即时交易行情信息发生故障，影响会员或客户正常交易的，交易所不承担责任。

第六，会员、信息经营机构和公众媒体以及个人，均不得发布虚假的或带有误导性质的信息。

第七，期货交易信息所有权属交易所，由交易所统一管理和发布。未经交易所许可，任何机构和个人不得将之用于商业用途。交易所按即时、每日、每周、每月向会员、投资者和社会公众提供期货交易信息。

任务描述 2－1

小组讨论，刚开始交易期货的新手应该注意什么？

解决方案

1. 开仓、平仓的问题，很多新手做期货总是容易在这方面搞不清楚甚至有下错单的情况，所以特此举例来说明一下。期货市场一大特性就是可以做空，也就是可以在看跌的情况下赚钱，所以这就和股票交易有了明显的差别。

期货上俗称的多单、空单指的就是所持有期货合约的多空方向，假如你看好期货价格认为会涨，那就应该“买进多单”（也叫“开多仓”），当你营利或者亏损后不想持有多单了，就需要“卖出多单”（也叫“平多仓”）。当你认为价格会跌，看空价格就应该“买进空单”（也叫“开空仓”），当你盈利或者亏损后不想持有空单了，就需要“卖出空单”（也叫“平空仓”）。平今指的就是无论多单空单，在当天开仓后又进行平仓，这个日内的平仓操作就叫作平今。

2. 刚开始先做轻仓短线，因为国内期货休盘后，晚上国外市场的波动风险还不大好控制，所以建议用户投资的时候先谨慎短线操作，一次一手的慢慢来，不要急于营利，只要找到自己的投资思路，营利是早晚的事情。

3. 国内国外大体走势是一样的，但是具体波动肯定不完全一致（国内品种的成本以及政策因素都与国外不同），投资者千万不要有“外盘都跌了，国内反而上涨，正好趁低做空”这样的对比操作心理，而是要完全客观的把握，国内的市场脉搏跟随市场而动。

4. 做多做空的交易心理问题，很多投资者特别是股票投资者，做惯了买入持有的方式，耐心等着价格的上涨，其实任何商品的价格都是有涨有跌，期货交易提供了价格下跌也能赚钱的交易模式，也就是说投资者认为未来价格下跌时可以在期货市场做空。同时要注意的是多空都能赚钱，如果判断失误，期货价格涨跌都有可能赔钱，特别是在当前通货膨胀和流动性过剩的背景下不能因为提供了做空机制就盲目进去抛空。

5. 保证金交易与保证金追加的问题。期货是保证金交易，也就是说用很少的钱可以买卖很大金额的产品，期货投资也因为收益和风险都成倍放大。很多股票投资者喜欢满仓交易，只要账户上有钱就买进，这在期货市场是大忌，期货市场实行的是当日无负债结算制度，也就是说当天赚的钱和赔的钱当天就要结算，盈利划入投资者账户，亏损也从账户中划出，如果判断错误出现亏损就可能导致保证金不足的情况，这就需要追加保证金。因此满仓操作的话很容易在正常波动的情况下出现追加保证金的情形，当然从交易策略的角度看，为什么要追加保证金，肯定是做错了，错了最好的方式就是止损斩仓出来。

任务描述 2－2

1 月 5 日，大连商品交易所黄大豆 1 号 3 月份期货合约的结算价是 2800 元/吨，则该合约下一交易日涨跌停板价格是多少元/吨？

解决方案

步骤一：本题考察的是期货合约涨跌幅的变化范围，要记住不同期货品种的涨跌幅度。

步骤二：明确下一交易日交易价格区间 = 上一交易日的结算价 ± 涨跌幅。

步骤三：上一交易日的结算价为 2800 元/吨，黄大豆 1 号期货合约的涨跌幅为 ±4%，故：下一交易日的价格范围为[2800 − 2800 × 4%，2800 + 2800 × 4%]，即［2688，2912］，涨停板是 2912 元/吨，跌停板是 2688 元/吨。

任务描述 2－3

6 月 5 日，某客户在大连商品交易所开仓卖出玉米期货合约 40 手，成交价为 2220 元/

吨，当日结算价格为2230元/吨，交易保证金比例为5%，则该客户当天须缴纳的保证金为多少元。

解决方案

步骤一：本题考察点之一是期货交易所实行每日无负债结算制度，当天缴纳的保证金接当天的结算价计算收取，与成交价无关。

步骤二：本题考察点之二是期货合约的报价单位，这是需要记忆的。

步骤三：本题考察点之三是期货合约每天交纳的保证金比例是根据交易情况变化的，计算当日应缴保证金时应采用的是当天的交易保证金比例。

步骤四：本题考察点之四是所需缴纳保证金的计算公式，保证金＝持仓量×当日结算价×保证金比例

步骤五：黄玉米的每手为10吨，本题中当日结算价格为2230元/吨，交易保证金比例为5%，故当天结算时需要缴纳期货保证金＝40手×10吨/手×2230元/吨×5%＝44600（元）

任务描述2－4

上海铜期货市场某一合约的卖出价格为15500元/吨，买入价格为15510元/吨，前一成交价为15490元/吨，那么该合约的撮合成交价应为多少元/吨？

解决方案

步骤一：在买入价大于等于卖出价前提下，撮合成交价等于买入价（bp）、卖出价（sp）和前一成交价（cp）三者中居中的一个价格，即：当bp≥sp≥cp，则最新成交价＝sp；当bp≥cp≥sp，则最新成交价＝cp；当cp≥bp≥sp，则最新成交价＝bp。

步骤二：本题中，买入价大于卖出价，满足基本前提，且15510（bp）＞15500（sp）＞15490（cp），故按卖出价（sp）15500元/吨成交。

课堂训练

1. 上海期货交易所上市交易的品种有哪些？其合约的报价单位、最小变动价位、涨跌停板幅度、交易代码分别是？

2. 大连商品交易所上市交易的品种有哪些？其合约的报价单位、最小变动价位、涨跌停板幅度、交易代码分别是？

3. 郑州商品交易所上市交易的品种有哪些？其合约的报价单位、最小变动价位、涨跌停板幅度、交易代码分别是？

4. 总结强制平仓的情形？

课后训练

一、单项选择题

1. 关于保证金问题，以下表述不正确的是（　　）。

A. 当某期货合约出现涨跌停板的情况，交易保证金比率可以相应提高

B. 对同时满足交易所有关调整交易保证金规定的合约，其交易保证金按照规定交易保证金数值中的较小值收取

C. 随着合约持仓量的增大，交易所将逐步提高该合约交易保证金比例

D. 对期货合约上市运行的不同阶段规定不同的交易保证金比率

2. 期货经纪公司除按照中国证监会的规定为客户向期货交易所交存保证金，进行交易结算外，对客户的保证金(　　)。

A. 严禁挪作他用

B. 一般情况下，不能挪作他用，但如遇不可抗力，可以临时调用

C. 可以根据公司的经营情况，灵活调度，但必须保证客户资金的安全

D. 如行情出现重大变化，可以暂时借用

3. 保证金的收取是分级进行的，一般的期货交易所向(　　)收取保证金。

A. 交易所会员　　B. 结算公司

C. 客户　　D. 个人投资者

4. 我国期货交易的保证金分为(　　)和交易保证金。

A. 交易准备金　　B. 交割保证金

C. 交割准备金　　D. 结算准备金

5. 上海铜期货市场某一合约的卖出价格为19500，买入价格为19520，前一成交价为19510，那么该合约的撮合成交价应为(　　)。

A. 19490　　B. 19500　　C. 19510　　D. 19520

6. 涨跌停板是以(　　)为基准确定的。

A. 合约上一交易日开盘价　　B. 合约上一交易日收盘价

C. 合约当日开盘价　　D. 合约上一交易日结算价

二、多项选择题

1. 关于我国期货交易所对持仓限额制度的具体规定，以下表述正确的有(　　)。

A. 采用限制会员持仓和限制客户持仓相结合的办法，控制市场风险

B. 套期保值交易头寸实行审批制，其持仓也受限制

C. 交易所调整限仓数额须经理事会批准，报中国证监会备案后实施

D. 会员或客户的持仓数量不得超过交易所规定的持仓限额

2. 关于我国期货交易所对持仓限额制度的具体规定，以下表述正确的有（　　）。

A. 交易所可根据市场风险状况，调整改变持仓报告水平

B. 交易所将不定期地对会员或客户提供的材料进行核查

C. 客户在不同经纪会员处开有多个交易编码，各交易编码持有头寸合计达到报告界限，由交易所指定并通知有关经纪会员，负责报送该客户应报告情况的有关材料

D. 当会员或客户某品种持仓合约的投机头寸达到交易所对其规定的投机头寸持仓限量80%以上（含本数）时，会员或客户应向交易所报告其资金情况、头寸情况等，客户须通过经纪会员报告

3. 超过持仓限额，交易所可以按照有关规定采取的措施包括(　　)。

A. 强行平仓　　B. 没收保证金

C. 取消会员资格　　　　D. 提高保证金的比例

三、判断题

1. 结算准备金是指会员为了交易结算在交易所专用结算账户预先准备的资金，是已经被合约占用的保证金。（　　）

2. 涨跌停板制度又称为每日价格最大波动限制，即指期货合约在一个交易日中的交易价格波动不得高于或者低于规定的涨跌幅度，超过该涨跌幅度的报价将被视为无效，不能成交。（　　）

3. 开立账户实质上是投资者（委托人）与期货经纪公司（代理人）之间建立的一种信用关系。（　　）

四、计算题

某客户在 7 月 2 日买入上海期货交易所铝 9 月期货合约一手，价格为 15050 元/吨，该合约当天的结算价格为 15000 元/吨。一般情况下该客户在 7 月 3 日，最高可以按照多少元每吨的价格将该合约卖出？

学习单元三　期货软件使用

知识链接

一、期货软件

期货软件就是向使用者提供期货信息或传递期货交易指令的计算机程序。期货软件按功能可分为：期货行情软件、期货分析软件、期货资讯软件、期货交易软件和期货智能交易系统。

二、常用期货行情软件

1. 澎博行情软件

澎博公司发行的行情软件叫作博易大师，是国内期货主流行情软件之一，简便直接，支持国内、国际期货、金融指数等市场的实时行情显示及图表、技术分析，支持 24 小时全球品种看盘需求。其特点：①历史回忆：整屏可现实近 10 日分时走势，历史分时灰屏现实，可查询某一日的历史分时。②实时价量仓统计：成交统计，竞买率，换手统计均是实时的随行情而变动。③商品叠加：两个或两个以上的商品以绝对或相对坐标，在 K 线图中用不同颜色叠加商品。④套利分析：进行两个相关品种的对比，通过研究差值和比值，方便看出这个品种是否存在套利机会，以便使用套利分析进行操作。⑤自定义指标：指标公式编辑器个性化添加修改各类指标。

2. 文华行情软件

国内期货主流行情系统之一，为客户提供交易行情、技术分析、24 小时实时资讯。其特点：①配备国内期货市场以及国际市场的行情数据；来自道琼斯的中英文资讯，提供的国际农产品行业的深度市场报道。②技术分析方面配备62个分析指标和指标公式编辑平台，利用平台提供的14个运算符和63个函数，用户把自己的投资经验变成指标公式，绘出图标。③画线分析方面，配备10种画线工具以及算法编辑平台，让客户可以根据自己的经验，修改和优化画线的算法。

3. 富远行情软件

国内期货主流行情系统之一，综合国内外众多现金技术，吸取行情分析师的有益经验，形成一整套自由特色。其特点：①系统行情速度快，与场内相同，比常用的卫星传输的行情速度快3~7秒。②全天候支持各类行情。③可以自定义分割页面组合。④强大的画线分析及公式编制功能，准确地显示日线、周线、月线、分时图、分钟线等。⑤支持盘后分析，多品种对照，详尽的成交量持仓量统计为您轻松揭示市场状态。

任务描述3-1

下载并安装一种你熟悉的期货行情软件

解决方案

步骤一：在IE浏览器地址栏中输入 www.pobo.net.cn 网站。点击“服务中心”→“个人客户服务”进入下载界面（见图1-1）。

图1-1

步骤二：下载期货版行情软件（见图1-2）。

图 1－2

步骤三：点击“下载”图标（见图 1－3）。

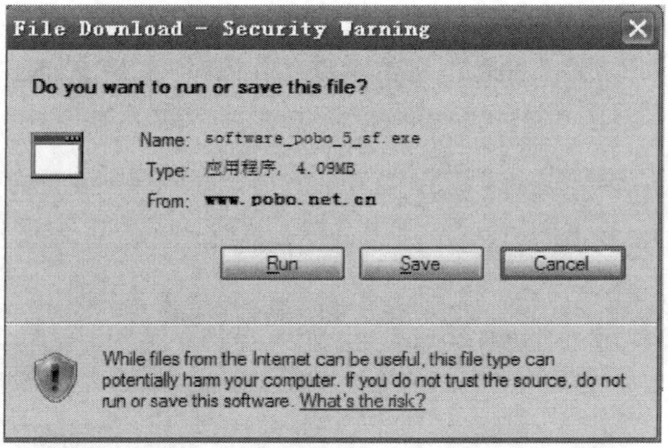

图 1－3

步骤四：点击“运行”软件会自动下载并自动打开安装界面，如果点击“保存”，则会将软件下载到本地硬盘，需要在本地硬盘双击下载的文件安装。

步骤五：下载完毕后弹出安装界面，显示如图 1－4 和图 1－5。

图 1－4

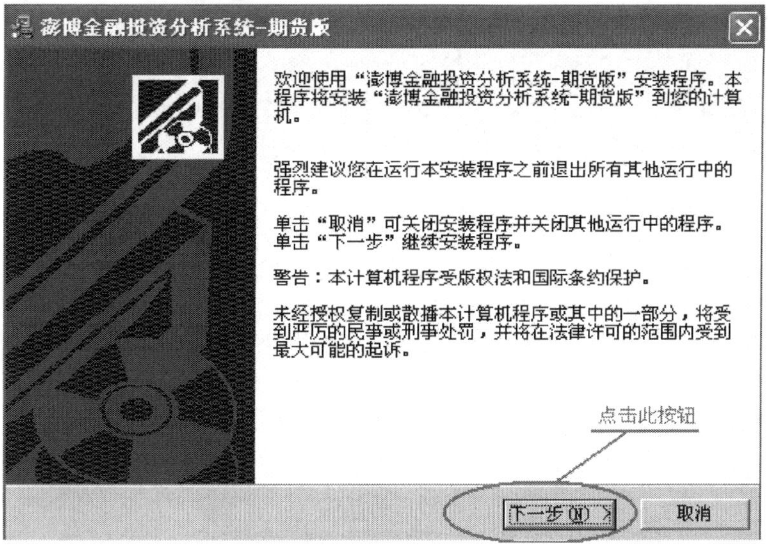

图 1－5

步骤六：一直点击"下一步"，直至安装完成。

任务描述 3－2

熟悉使用期货行情软件

解决方案

第一步：登录系统

双击桌面上的图标，就会弹出登录界面（见图 1－6）。

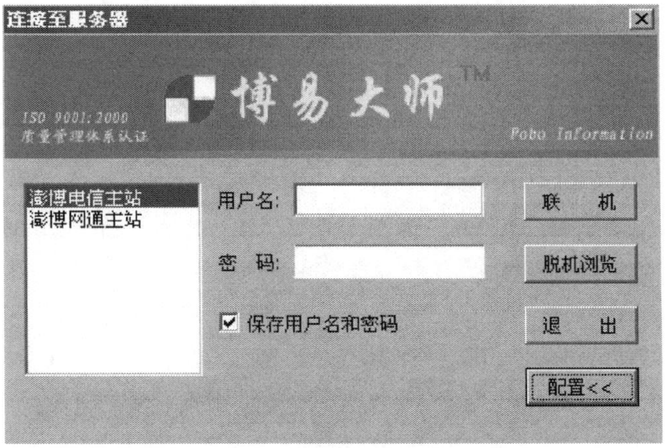

图 1－6

注：在用户名和密码栏内输入您的用户名和密码，然后点击"联机"。

第二步：界面介绍

博易大师为用户提供了以下几种软件界面：

1. 软件的"报价画面"（见图 1－7）

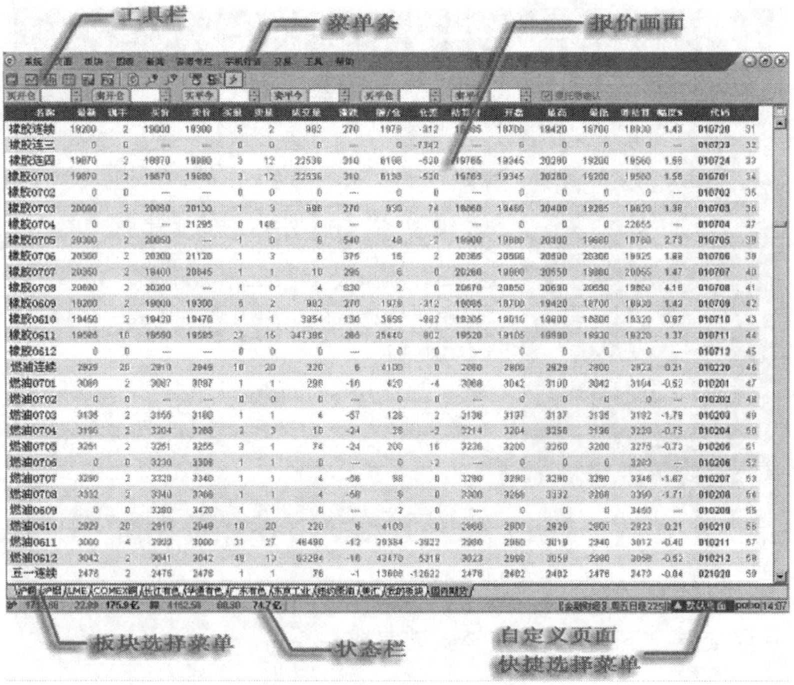

图 1－7

2. 软件的“分时走势图”（见图 1－8）

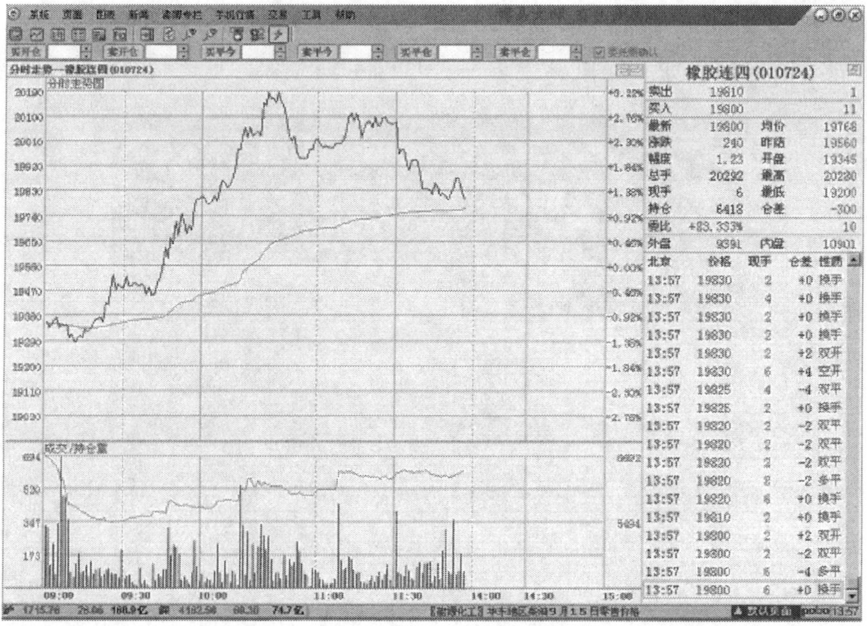

图 1－8

3. 软件的 K 线图（见图 1－9）

图 1－9

4. 软件的闪电图（见图 1－10）

图 1－10

5. 软件的“新闻”（见图 1－11）

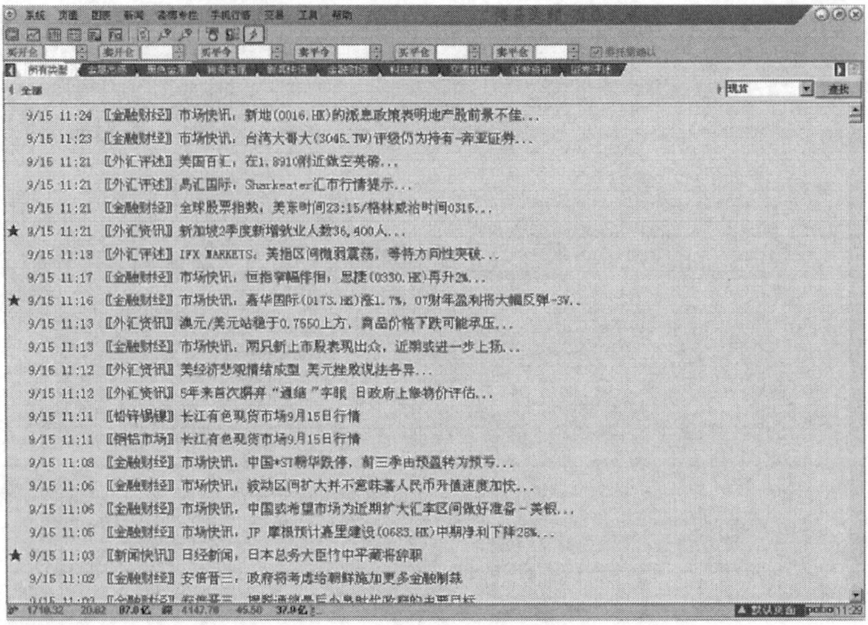

图 1－11

第三步：调入界面

方法一：菜单方式

博易大师支持以下常用页面（见图 1－12），用户可以使用鼠标选择以下相应的页面，然后单击鼠标左键即可。

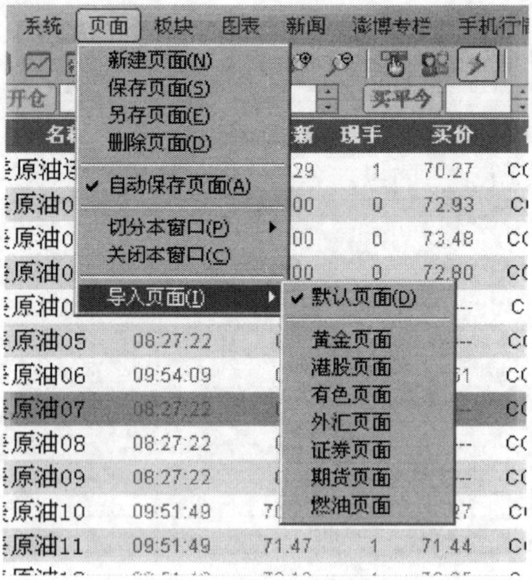

图 1－12

方法二：快捷方式

用户可以通过鼠标直接左键单击界面右下角的“默认页面”，再选择所需要的页面（见图 1－13）。

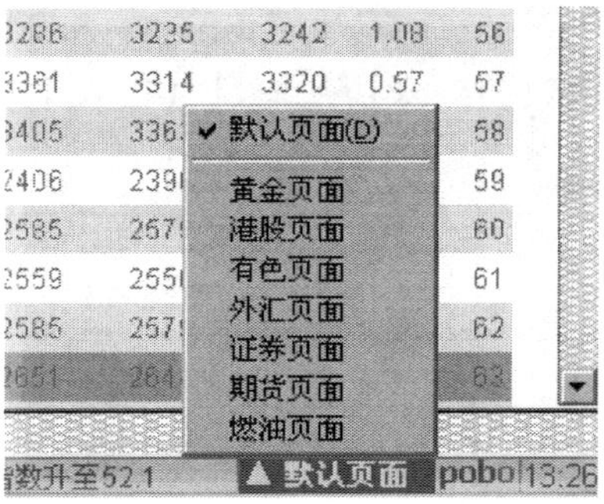

图 1－13

第四步：变换画面

方法一：菜单方式

用户可以在菜单条下的“图表”中选择（见图 1－14）。

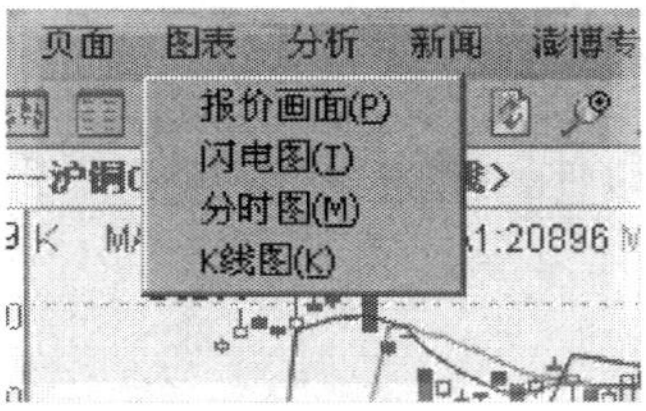

图 1－14

方法二：右键快捷方式

用户可以在窗口中单击右键，在快捷菜单中的“变换画面”下进行选择所需窗口（见图 1－15）。

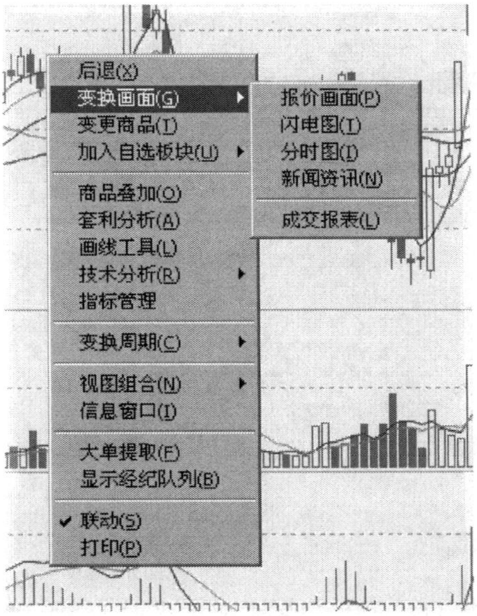

图 1－15

方法三：图标点击方式

用户可以单击工具栏上的快捷图标来切换窗口（见表 1－45）。

表 1－45

图　　标	说　　明
	闪电图
	K 线图
	报价
	新闻

方法四：热键方式

用户可以通过热键的方式，来选择并控制您的操作。

第五步：选入品种

方法一：期货品种代码表

输入数字代码调出您所选的品种，然后按“↑”或“↓”键来选择，然后按回车键。

方法二：自己通过键盘输入

第六步：调出 K 线图

调出当前品种 K 线图的方法如下：

方法一：在分时走势图中，用户可以按 F5 或在智能键盘中输入 05 调出 K 线图。

方法二：用户可以用鼠标左键点击菜单工具栏上  图标调出 K 线图。

方法三：在行情报价窗口里选择品种后，单击鼠标右键，在“变换画面”中用鼠标左键单击选择“K 线图”（见图 1－16）。

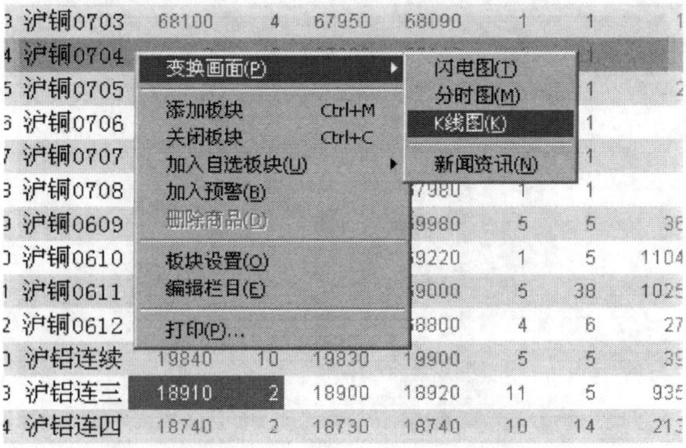

图 1－16

第七步：十字光标

在技术分析图中，当移动鼠标时，既能显示当时日期，也能显示当时的价位（见图 1－17）。

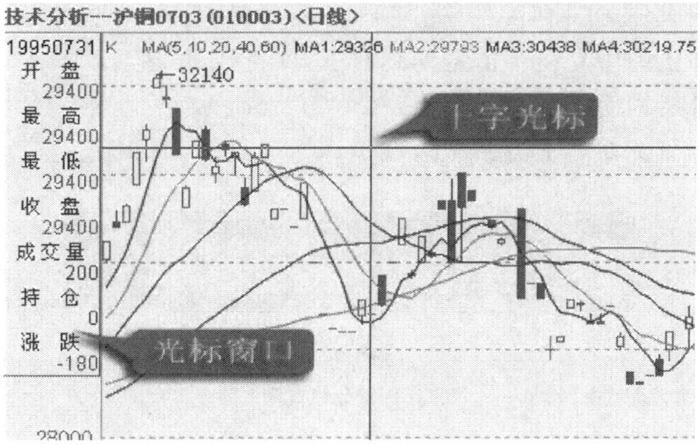

图 1－17

方法一：直接在 K 线图下双击鼠标左键，调出十字光标；再次双击鼠标左键即可关闭十字光标。

方法二：按“←”或“→”也可以直接调出十字光标。

第八步：图表移动与缩放

方法一：用鼠标控制右上方的按钮来进行图的移动和缩放

移动：用户点击界面工具栏中或图标，就可以对闪电图和 K 线图进行向前移动或向后移动（见图 1－18）。

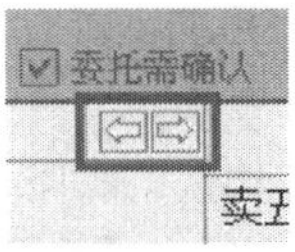

图 1－18

缩放：在界面的工具栏中点击或进行放大和缩小（见图 1－19）。

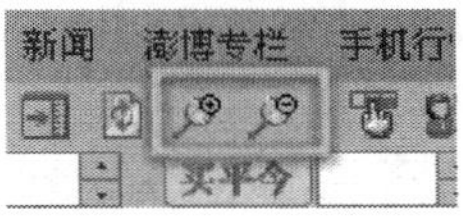

图 1－19

方法二：热键方式的移动和缩放。如表 1－46 所示。

表 1－46

热　　键	功　　能
Ctrl ＋ ←	向左移动整屏 K 线
Ctrl ＋ →	向右移动整屏 K 线
Shift ＋ ←	向左移动半屏 K 线
Shift ＋ →	向右移动半屏 K 线
↑	放大
↓	缩小

小技巧：局部放大

方法：用鼠标在主图中左键单击拖动到右下方的指定位置。

第九步：改变分析周期

方法一：直接用鼠标在右上方按钮区域里选择（见图1－20）。

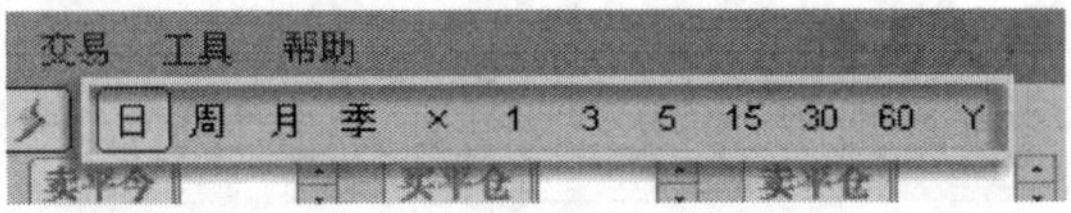

图1－20

注：X——可以在任意天查看主图；Y——可以在任意分钟查看主图。

方法二：用户按F8可以选择正向循环周期，按Ctrl+F8可以选择反向循环周期。

方法三：菜单方式

用户可以选择菜单中“分析”下的“变换周期”，单击即可选择所需的周期（见图1－21）。

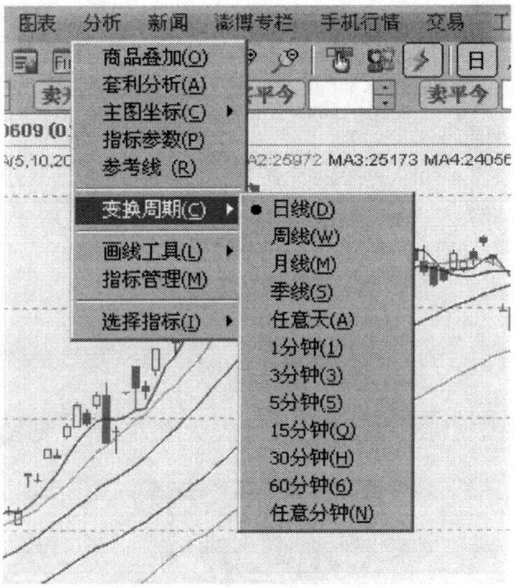

图1－21

方法四：快捷方式

用户可以在分析图中的空白处单击右键，从快捷菜单中“变换周期”下选择所需的周期（见图1－22）。

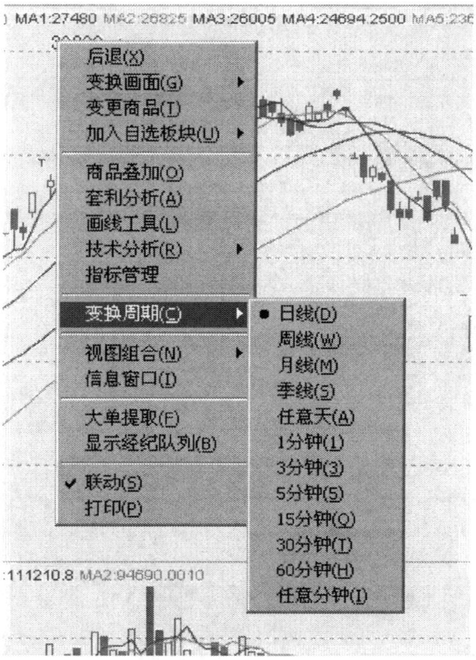

图 1－22

第十步：选择主图指标

方法一：菜单方式

用户可以选择菜单中“分析”下“选择指标”中的“主图指标”（见图 1－23）。

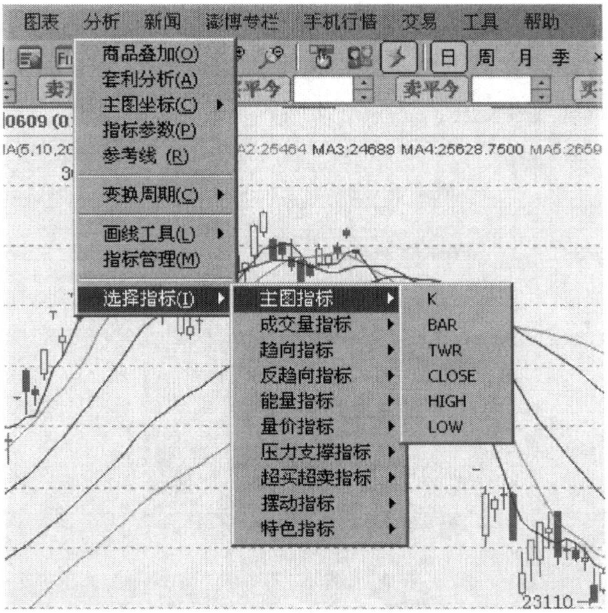

图 1－23

方法二：快捷方式

用户可以直接在分析图中单击右键，从快捷菜单中“技术分析”下的主图指标中选择，在单击左键即可调中用户需要的主图指标（见图 1－24）。

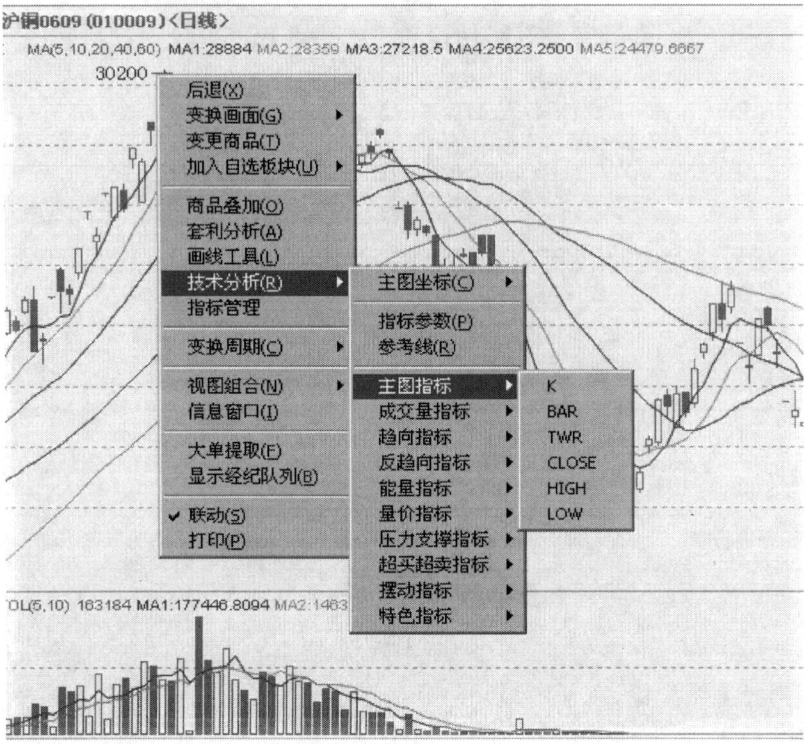

图 1－24

方法三：智能方式

用户也可以通过智能键盘调出主图指标，只要在智能键盘中输入主图指标的英文编码，选中并按回车键即可（见图 1－25）。

图 1－25

第十一步：更换分析指标

方法一：用鼠标在界面中进行选择，在菜单“分析”下“选择指标”中进行选择即可（见图 1－26）。

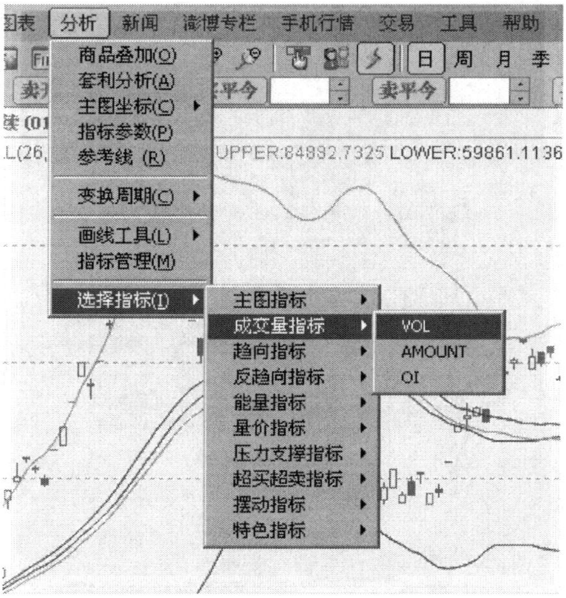

图 1 - 26

方法二：快捷方式

用户可在分析图的空白处单击右键，在“技术分析”中选择所需的分析指标（见图 1 - 27）。

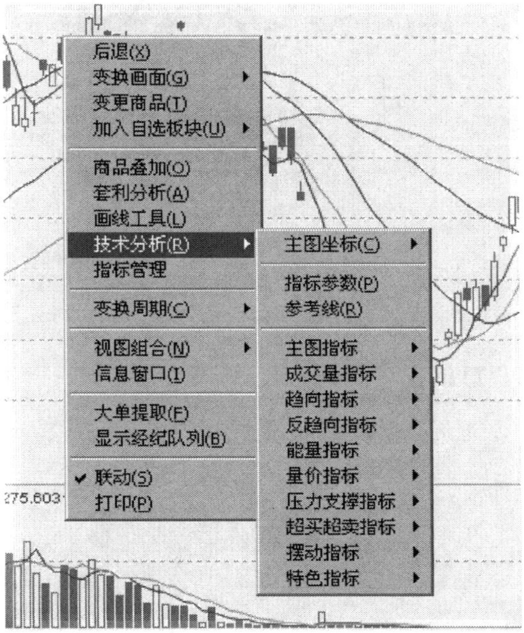

图 1 - 27

方法三：智能热键

只需输入指标的英文名字，然后敲回车键即可显示相应的分析指标。

例：指数平滑异同平均线，输入“MACD”（见图 1 - 28）。

图 1－28

第十二步：新闻的查看与检索

方法一：图标方式

用户可以直接左键点击工具栏中的 图标调出新闻。

方法二：菜单方式

用户可以点击菜单“新闻”中的“即时新闻”即可（见图 1－29）。

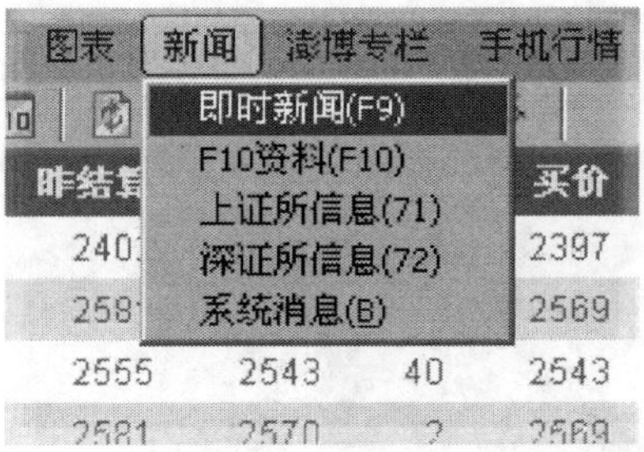

图 1－29

方法三：热键方式：户可以直接按 F9 调出新闻页面。

任务描述 3－3

熟练使用期货交易软件

解决方案

第一步：登录

交易站点选择

进入网上交易系统前，客户必须先进行登录，登录界面如图 1－30 所示。

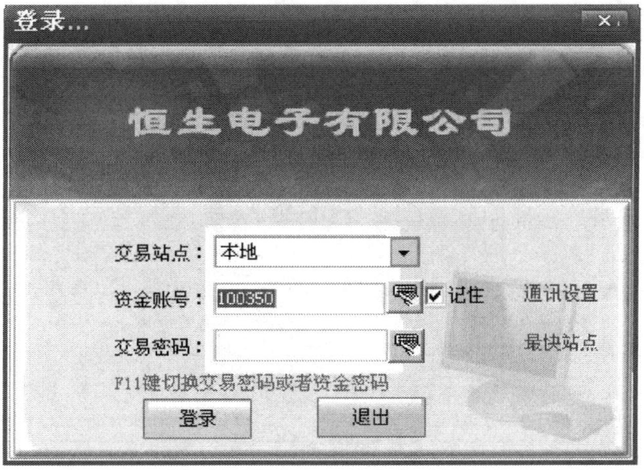

图 1－30

交易站点由经纪公司事先设置好，客户可根据需要选择最快的站点登录，如交易站点分布如图 1－31 所示。

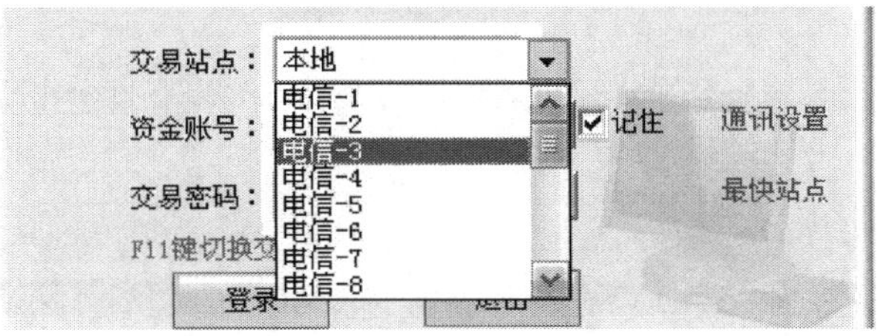

图 1－31

交易站点维护

交易站点一般都是由经纪公司事先设置好的，但在特殊情况下需要变动，如：临时更换交易地址或行情地址或者设置代理服务器等，可以通过“通讯设置”进入如图 1－32 界面：

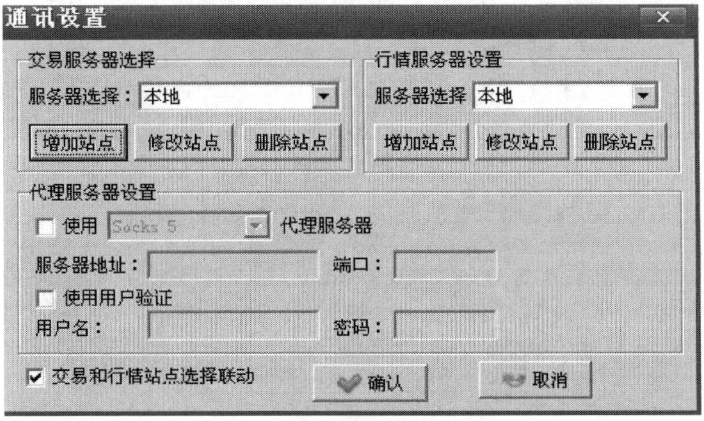

图 1－32

客户编码

客户编码一般就是客户资金账号，如：10001。为了防止木马程序截获键盘事件盗取客户编码和密码，一般提供软键盘输入功能，客户只需点击鼠标输入即可，如图1-33所示。

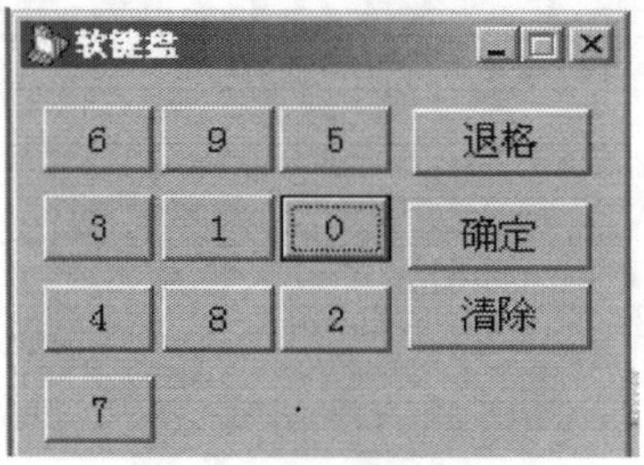

图1-33

登录密码

此处专门指的是客户交易密码，而不是资金密码或者转账密码。为了防止木马程序截获键盘事件盗取客户密码，在此我们也提供了软键盘输入功能，客户只需点击鼠标输入即可。

客户在输入了上次参数后，只需敲回车键，系统就发出登录指令。

登录方式

登录方式如下：以交易密码登录，登录后可进行交易，如果有资金密码还可以进行资金转账。

第二步：普通委托

普通委托的界面如图1-34所示。

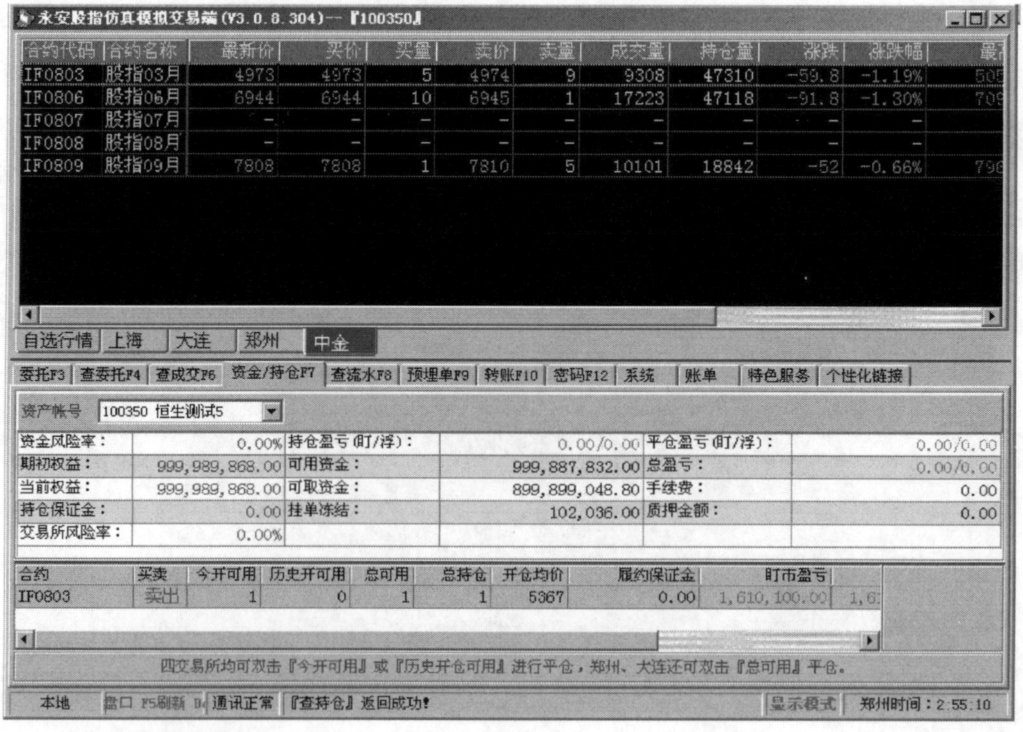

图1-34

第三步：代理委托

代理客户密码验证

经纪公司先对代理客户进行授权，当客户登录后，先对授权客户进行交易密码验证，如图 1 – 35 所示。

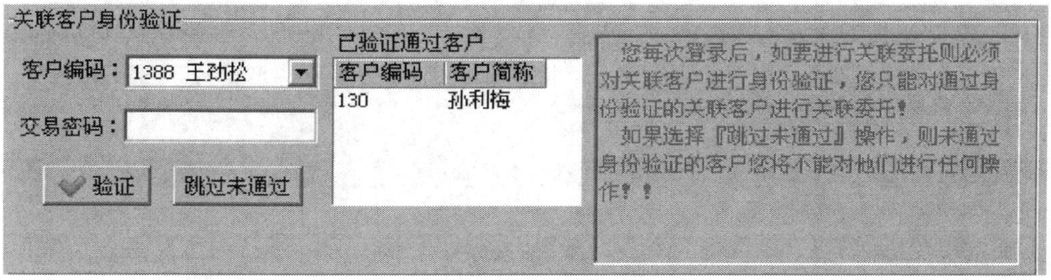

图 1 – 35

只能对通过身份验证的关联客户进行代理委托。如果选择“跳过未通过”操作，则未通过身份验证的客户将不能对他们进行任何操作。

代理小组设置

小组下单方式有两种情况：一种是按基数下单，小组中每个客户的下单数量是该客户基数倍数 × 下单手数；一种是按总数下单，小组中每个客户的下单数量是下单总数 × 该客户基数倍数占总基数倍数的比例。代理设置小组设置“系统—代理委托”里设置，如图 1 – 36 所示。

图 1 – 36

代理委托

代理委托的界面如图 1－37 所示。

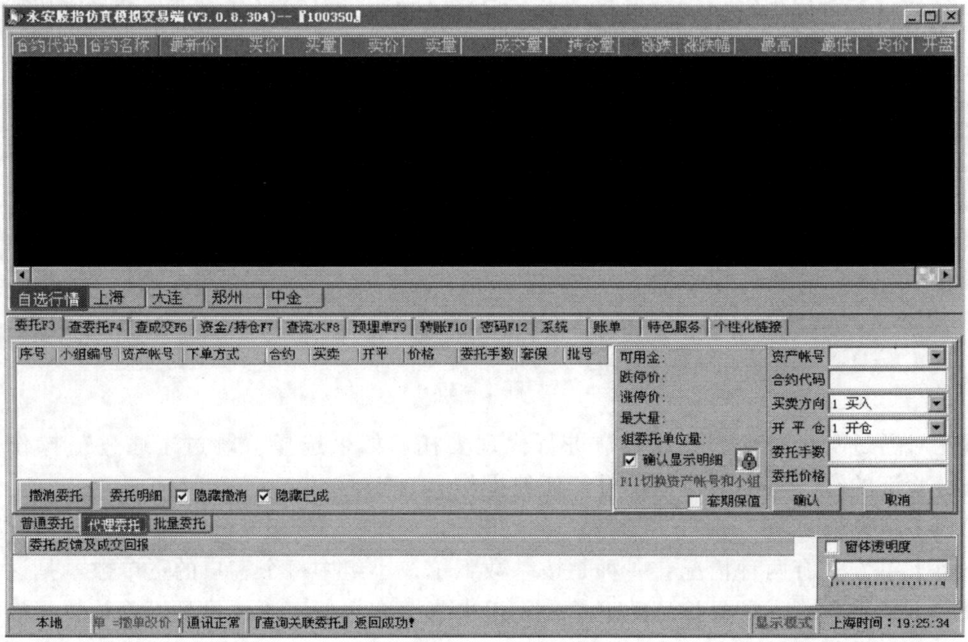

图 1－37

第四步：批量委托

批量委托可以把一笔委托拆分成多笔委托，可以自己设置拆分的笔数、每笔委托的时间间隔及每笔委托间的价差，价差可输入负数。

第五步：查委托

查询委托如图 1－38 所示，系统默认查询当天的委托，如果有代理委托权限则可以查询代理客户的委托。

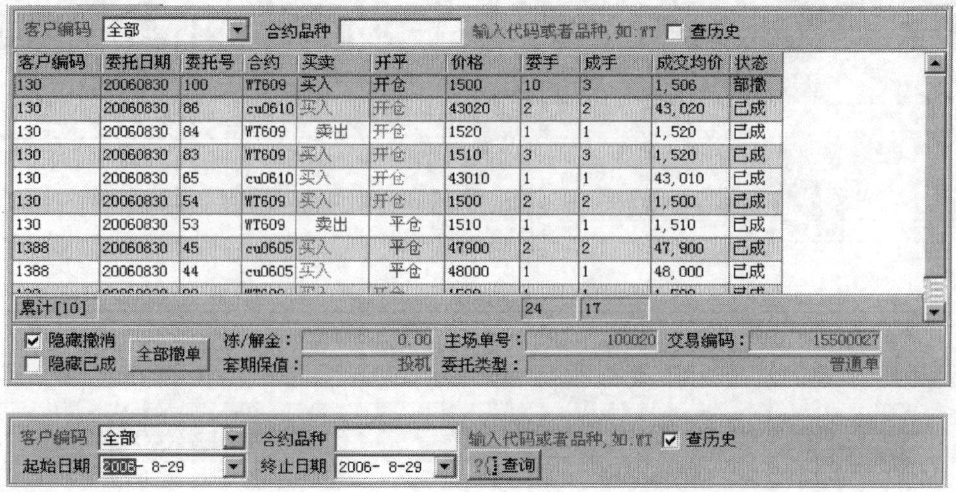

图 1－38

查询委托还可以根据合约品种、合约代码、委托状态等条件来过滤。

如果要查询历史委托，则选中查历史选项，输入日期即可，查询历史委托不包括当天的委托情况。

第六步：查成交

查询成交如下图所示，系统默认查询当天的成交，如果有代理委托权限则可以查询代理客户的成交。

客户编码	委托日期	成交序号	委托号	交易编码	合约	买卖	开平	成交价格	成交手数	成交编号
130	20060830	14	100	15500027	WT609	买入	开仓	1500	1	100022
130	20060830	13	100	15500027	WT609	买入	开仓	1510	1	100021
130	20060830	12	100	15500027	WT609	买入	开仓	1510	1	100020
130	20060830	11	86	00214630	cu0610	买入	开仓	43020	2	3000010
130	20060830	10	84	15500027	WT609	卖出	开仓	1520	1	100011
130	20060830	9	83	15500027	WT609	买入	开仓	1520	3	1000010
130	20060830	8	65	00214630	cu0610	买入	开仓	43010	1	300001
130	20060830	7	54	15500027	WT609	买入	开仓	1500	2	200003
130	20060830	6	53	15500027	WT609	卖出	平仓	1510	1	200002
130	20060830	5	22	15500027	WT609	买入	开仓	1500	1	200001

图 1－39

查询成交还可以根据合约品种、合约代码等条件来过滤。

如果要查询历史委托，则选中查历史选项，输入日期即可，查询历史委托不包括当天的委托情况。

如果是当天的委托，还可以按照委托汇总或按成交价位汇总。

第七步：查资金、持仓

同时查询资金和持仓情况，如图 1－40 所示。

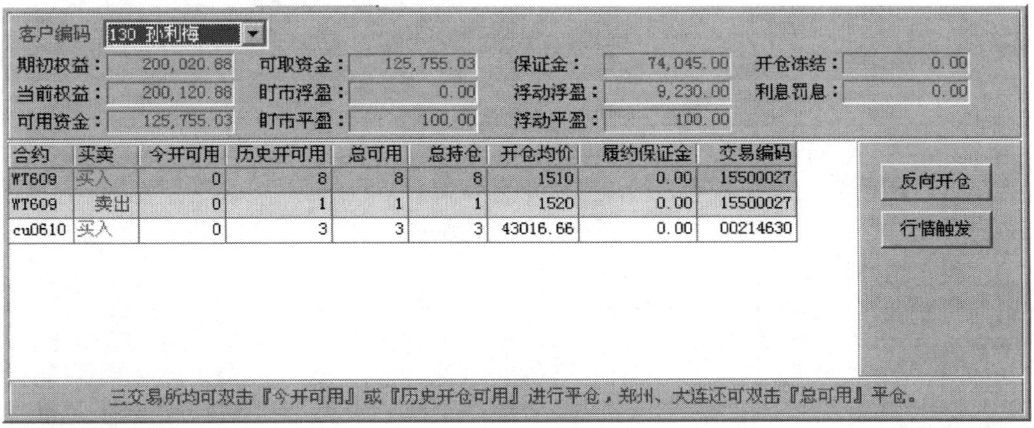

合约	买卖	今开可用	历史开可用	总可用	总持仓	开仓均价	履约保证金	交易编码
WT609	买入	0	8	8	8	1510	0.00	15500027
WT609	卖出	0	1	1	1	1520	0.00	15500027
cu0610	买入	0	3	3	3	43016.66	0.00	00214630

图 1－40

可以根据某一笔持仓执行反向开仓指令。

可以根据某一笔持仓执行行情触发指令。

第八步：查流水

查询某一段时间内客户出入金情况，系统默认查询当天出入金情况，如图 1－41 所示。

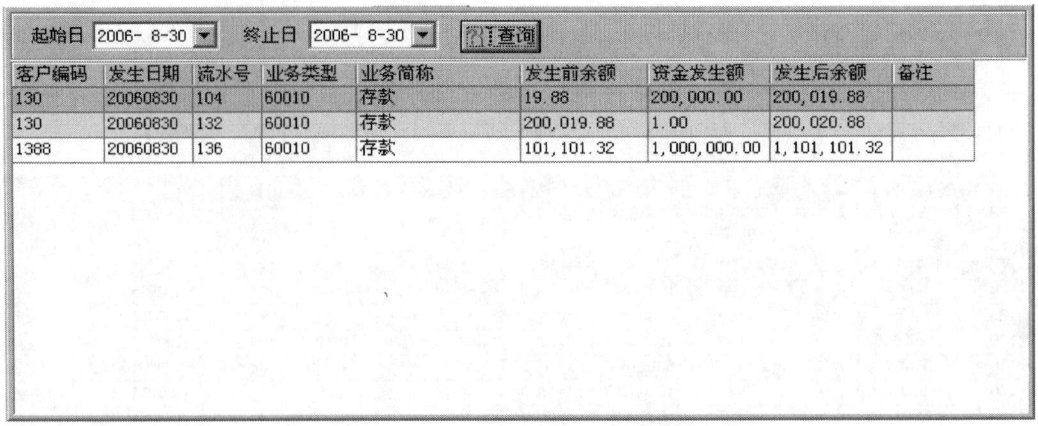

客户编码	发生日期	流水号	业务类型	业务简称	发生前余额	资金发生额	发生后余额	备注
130	20060830	104	60010	存款	19.88	200,000.00	200,019.88	
130	20060830	132	60010	存款	200,019.88	1.00	200,020.88	
1388	20060830	136	60010	存款	101,101.32	1,000,000.00	1,101,101.32	

图 1－41

第九步：预埋单

看盘前或者盘中，对即将需要的委托先进行预埋，在一定的时机到来时发送，如图 1－42 所示。

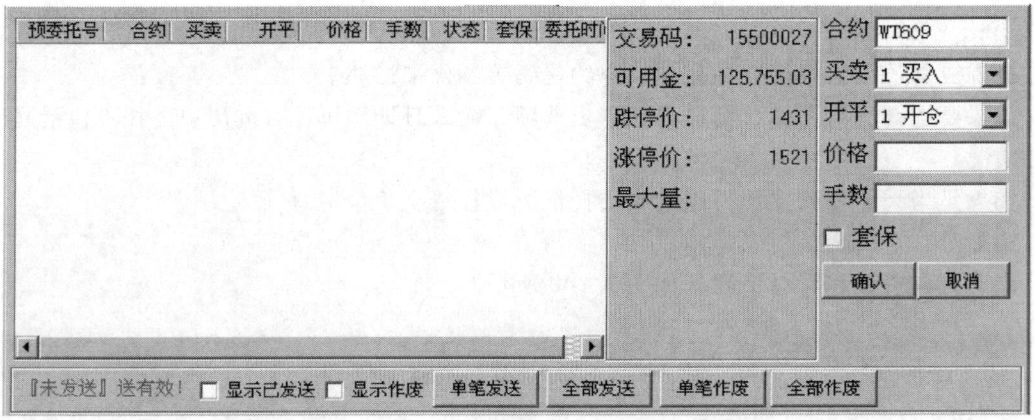

图 1－42

客户可以选择单笔预埋单发送，也可以全部发送。

客户可以选择单笔预埋单作废，也可以全部作废。

第十步：银期转账

银期转账的界面如图 1－43 所示。

①密码验证

在转账前先进行资金密码验证，验证通过后才能进行相应的操作。

②密码修改

转账资金密码应该经常进行修改，以防泄露。

③转账类型

01 银转期

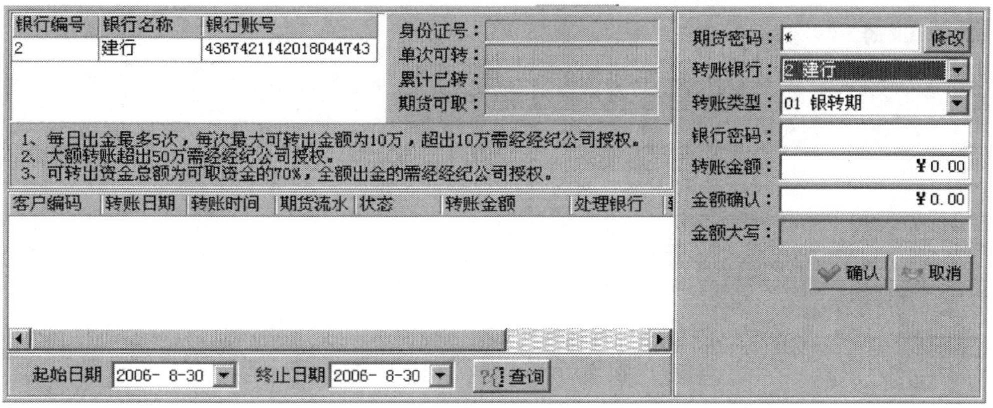

图 1－43

02 期转银

③银行密码

如果选择的转账银行需要银行密码，则客户转账前需填写银行资金密码。

注意事项：

①每日出金最多 5 次，每次最大可转出金额为 10 万元，超出 10 万元需经经纪公司授权。

②大额转账超出 50 万元需经经纪公司授权。

③可转出资金总额为可取资金的 70%，全额出金的需经经纪公司授权。

第十一步：交易密码修改

在网上交易，密码是至关重要的。为使您的交易更加安全，建议经常更换自己的密码。在设置密码的时候建议您不要只输入数字，应该混合输入字符和数字，以便提升密码安全强度，如图 1－44 所示。

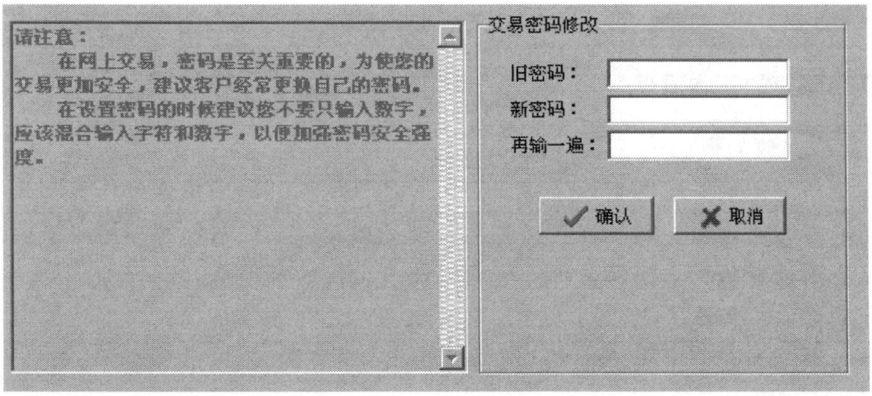

图 1－44

第十二步：客户账单

当客户有最新账单的时候，客户登录后账单会自动显示，等待客户确认。如果经纪公司设置了强制确认账单功能，则客户只能确认完后才能下开仓单，在没有确认前只能下平仓单。

课堂训练

熟练使用期货行情软件和交易软件。

学习单元四　期货套期保值、套利计算

引导案例

精炼企业也要精打细算

某精炼企业在2015年9月10日发现，当时的豆油现货价格为8100元/吨，市场有短缺的迹象，预计到12月10日该企业的库存已经降至低点，需要补库。近期进口大豆到港成本不断提高，压榨利润越来越薄，使得多数油厂减少了压榨量，相应豆油供给量也会减少；而同期各港口的毛油库存较低。企业担心到12月份豆油价格出现上涨，因此，该企业9月10日在大商所以8130元/吨的价格买入100手豆油期货合约。到12月10日时豆油期货、现货市场价格均出现了上扬，并且期货市场的涨幅大于现货市场，因此，该精炼企业在现货市场买入了1000吨大豆原油，采购价格为9400元/吨；同时在期货市场以9472元/吨的价格卖出100手豆油合约平仓。以下为精炼厂的套期保值效果（不考虑手续费等交易成本）。

精炼企业通过在期货市场上买入套期保值，用期货市场的134.2万元盈利，弥补了现货市场130万元的亏损，获得了4.2万元的净收益。如果该企业不在期货市场做套期保值，当现货价格下跌时，虽然可以使企业采购价格降低，但是一旦价格上涨，该企业将蒙受较大的损失，采购成本提高。因此精炼企业的买入套期保值稳妥地规避了现货市场价格波动的巨大风险，无论这种波动是有利还是不利，采购成本的锁定是企业经营的真谛所在。

知识链接

一、套期保值的基本原理

（一）套期保值的概念

套期保值是指把期货市场当作转移价格风险的场所，利用期货合约作为将来在现货市场上买卖商品的临时替代物，对其现在买进准备以后售出商品或对将来需要买进商品的价格进行保险的交易活动。期货套期保值可以分为多头套期保值和空头套期保值。

多头套期保值：又称买入套期保值，是指交易者先在期货市场买进期货，以便在将来现货市场买进时不至于因价格上涨而给自己造成经济损失的一种期货交易方式。因此又称为“多头保值”或“买空保值”。

空头套期保值：又称卖出套期保值，是指交易者先在期货市场卖出期货，当现货价格下跌时以期货市场的盈利来弥补现货市场的损失，从而达到保值的一种期货交易方式。空头套期保值是为了防止现货价格在交割时下跌的风险而先在期货市场卖出与现货数量相当的合约所进行的交易方式。持有空头头寸，来为交易者将要在现货市场上卖出的现货进行保值。因此，卖出套期保值又称为“卖空保值”或“卖期保值”。

（二）套期保值的基本特征

套期保值的基本做法是，在现货市场和期货市场对同一种类的商品同时进行数量相等但方向相反的买卖活动，即在买进或卖出现货的同时，在期货市场上卖出或买进同等数量的期货，经过一段时间，当价格变动使现货买卖上出现盈亏时，可由期货交易上的亏盈得到抵消或弥补，从而在“现”与“期”之间、近期和远期之间建立一种对冲机制，以使价格风险降低到最低限度。

（三）套期保值的逻辑原理

套期之所以能够保值，是因为同一种特定商品的期货和现货的主要差异在于交货日期前后不一，而它们的价格，则受相同的经济因素和非经济因素影响和制约，而且，期货合约到期必须进行实货交割的规定，使现货价格与期货价格还具有趋合性，即当期货合约临近到期日时，两者价格的差异接近于零，否则就有套利的机会，因而，在到期日前，期货和现货价格具有高度的相关性。在相关的两个市场中，反向操作，必然有相互冲销的效果。

二、套期保值的方法

（一）生产者的卖出套期保值

不论是向市场提供农副产品的农民，还是向市场提供铜、铝、铅、石油等基础原材料的企业，作为社会商品的供应者，为了保证其已经生产出来准备提供给市场或尚在生产过程中将来要向市场出售商品的合理的经济利润，以防止正式出售时价格的可能下跌而遭受损失，可采用卖期保值的交易方式来减小价格风险，即在期货市场以卖主的身份售出数量相等的期货作为保值手段。

（二）经营者卖出套期保值

对于经营者来说，他所面临的市场风险是商品收购后尚未转售出去时，商品价格下跌，这将会使他的经营利润减少甚至发生亏损。为回避此类市场风险，经营者可采用卖期保值方式来进行价格保险。

（三）加工制造商的买入套期保值

加工制造企业为了防止日后购进原料时价格上涨的情况。或者需求方由于资金不足、缺少外汇、仓库已满等情况不能立即买进现货，防止日后购入现货价格上涨的情形。

（四）加工者的综合套期保值

对于加工者来说，市场风险来自买和卖两个方面。他既担心原材料价格上涨，又担心成品价格下跌，更怕原材料上升、成品价格下跌局面的出现。只要该加工者所需的材料及加工后的成品都可进入期货市场进行交易，那么他就可以利用期货市场进行综合套期保值，即对购进的原材料进行买入套期保值，对其产品进行卖出套期保值，就可解除他的后顾之忧，锁牢其加工利润，从而专门进行加工生产。

三、套期保值操作与基差关系

（一）基差的含义

期货价格是市场对未来现货市场价格的预估值，两者之间存在密切的联系。由于影响因素的相近，期货价格与现货价格往往表现出同升同降的关系；但影响因素又不完全相同，因而两者的变化幅度也不完全一致，现货价格与期货价格之间的关系可以用基差来描述。基差就是某一特定地点某种商品的现货价格与同种商品的某一特定期货合约价格间的价差，即，基差 = 现货价格 - 期货价格。基差有时为正（此时称为反向市场），有时为负（此时称为正向市场），因此，基差是期货价格与现货价格之间实际运行变化的动态指标。

如果基差为正值且数值越来越大，或者基差从负值变为正值，或者负值越来越小，就是随着时间变化，现货价格越来越与期货价格相等，现货价格上涨比期货价格快，或者现货价格下跌比期货价格慢。这种情况成为基差“走强”。

如果基差为负值且负值越来越大，或者基差从正值变为负值，或者基差为正值且数值越来越小，就是随着时间变化，期货价格越来越高于现货价格，在上涨过程中现货价格没有期货价格上涨的快，在下跌过程中现货价格比期货价格下降得快。这种情况称为基差“走弱”。

基差的变化对套期保值的效果有直接的影响。从套期保值的原理不难看出，套期保值实际上是用基差风险替代了现货市场的价格波动风险，因此从理论上讲，如果投资者在进行套期保值之初与结束套期保值之时基差没有发生变化，就可能实现完全的套期保值。因此，套期保值者在交易的过程中应密切关注基差的变化，并选择有利的时机完成交易。

同时，由于基差的变动比期货价格和现货价格各自本身的波动要相对稳定一些，这就为套期保值交易提供了有利的条件；而且，基差的变化主要受制于持有成本，这也比直接观察期货价格或现货价格的变化方便得多。

基差分为负数、正数及零三种市场情况。

1. 基差为负的正常情况

在正常的商品供求情况下，参考价持有成本及风险的原因，基差一般应为负数，即期货价格应大于该商品的现货价格。

2. 基差为正数的倒置市况

当市场商品供应出现短缺，供不应求的现象时，现货价格高于期货价格。

3. 基差为零的市场情况

当期货合约越接近交割期，基差越来越接近于零。

基差可以是正数也可以是负数，这主要取决于现货价格是高于还是低于期货价格。现货价格高于期货价格，则基差为正数，又称为远期贴水或现货升水；现货价格低于期货价格，则基差为负数，又称为远期升水或现货贴水。

基差包含着两个成分，即分隔现货与期货市场间的“时”与“空”两个因素。

因此，基差包含着两个市场之间的运输成本和持有成本。前者反映着两个市场间的时间因素，即两个不同交割月份的持有成本，它又包括储藏费、利息、保险费和损耗费等，其中利率变动对持有成本的影响很大；后者反映着现货与期货市场间的空间因素，这也正是在同一时间里，两个不同地点的基差不同的基本原因。

由此可知，各地区的基差随运输费用而不同。但就同一市场而言，不同时期的基差理论上应充分反映着持有成本，即持有成本的那部分基差是随着时间而变动的，离期货合约到期的时间越长，持有成本就越大，而当非常接近合约的到期日时，就某地的现货价格与期货价格而言必然几乎相等，而农产品、矿产品等的基差将缩小成仅仅反映运输成本。

理想状态的套期保值，在整个保值过程中基差保持不变。这样，如果开始套期保值时玉米的现货价和 9 月份玉米期货的差额是 50 元/吨，在理想的情况下，当整个套期保值过程完成以后，基差应仍是 50 元/吨。但是，实际上这种理想状态很少发生，这是因为基差在不断的变动中，而且会导致套期保值者利润的增加或减少。

（二）基差变化与套期保值

在商品实际价格运动过程中，基差总是在不断变动，而基差的变动形态对一个套期保值者而言至关重要。由于期货合约到期时，现货价格与期货价格会趋于一致，而且基差呈现季节性变动，使套期保值者能够应用期货市场降低价格波动的风险。

基差变化是判断能否完全实现套期保值的依据。套期保值者利用基差的有利变动，不仅可以取得较好的保值效果，而且还可以通过套期保值交易获得额外的盈余。一旦基差出现不利变动，套期保值的效果就会受到影响，蒙受一部分损失。

1. 对于买入套期保值者来讲，他愿意看到的是基差缩小（基差走弱）

（1）现货价格和期货价格均上升，但现货价格的上升幅度大于期货价格的下降幅度，基差扩大，从而使得加工商在现货市场上因价格上升买入现货蒙受的损失大于在期货市场上因价格上升卖出期货合约的获利，这样就存在净亏损，属于大家不希望看到的情形。

如果现货市场和期货市场的价格不是上升而是下降，加工商在现货市场获利，在期货市场损失。但是只要基差扩大，现货市场的盈利不仅不能弥补期货市场的损失，而且会出现净亏损。

（2）现货价格和期货价格均上升，但现货价格的上升幅度小于期货价格的下降幅度，基差缩小，从而使得加工商在现货市场上因价格上升买入现货蒙受的损失小于在期货市场上因价格上升卖出期货合约的获利，这样存在净收益，属于大家希望看到的情形。

如果现货市场和期货市场的价格不是上升而是下降，加工商在现货市场获利，在期货市场损失。但是只要基差缩小，现货市场的盈利不仅能弥补期货市场的全部损失，而且会有净盈利。

2. 对于卖出套期保值者来讲，他愿意看到的是基差扩大（基差走强）

（1）现货价格和期货价格均下降，但现货价格的下降幅度大于期货价格的下降幅度，基差扩大，从而使得经销商在现货市场上因价格下跌卖出现货蒙受的损失大于在期货市场上因价格下跌买入期货合约的获利，属于大家不希望看到的情形。

如果现货市场和期货市场的价格不是下降而是上升，经销商在现货市场获利，在期货市场损失。但是只要基差扩大，现货市场的盈利只能弥补期货市场的部分损失，结果仍是净损失。

（2）现货价格和期货价格均下降，但现货价格的下降幅度小于期货价格的下降幅度，基差缩小，从而使得经销商在现货市场上因价格下跌卖出现货蒙受的损失小于在期货市场上因价格下跌买入期货合约的获利，存在净收益，属于大家希望看到的情形。

如果现货价格和期货价格不降反升，经销商在现货市场获利，在期货市场损失。但是只要基差缩小，现货市场的盈利不仅能弥补期货市场的全部损失，而且仍有净盈利。

期货价格与现货价格的变动趋势是一致的，但两种价格变动的时间和幅度是不完全一致的，也就是说，在某一时间，基差是不确定的，所以，套期保值者必须密切关注基差的变化。因此，套期保值并不是一劳永逸的事，基差的不利变化也会给保值者带来风险。

虽然，套期保值没有提供完全的保险，但是，它的确回避了与商业相联系的价格风险。

套期保值基本上是风险的交换，即以价格波动风险交换基差波动风险，从而把风险转嫁给期货投机交易者。

四、套期保值策略

为了更好实现套期保值目的，企业在进行套期保值交易时，必须注意以下程序和策略。

（1）坚持“均等相对”的原则。“均等”，就是进行期货交易的商品必须和现货市场上将要交易的商品在种类上相同或相关数量上相一致。“相对”，就是在两个市场上采取相反的买卖行为，如在现货市场上买，在期货市场则要卖，或相反。

（2）应选择有一定风险的现货交易进行套期保值。如果市场价格较为稳定，那就不需进行套期保值，进行保值交易需支付一定费用。

（3）比较净冒险额与保值费用，最终确定是否要进行套期保值。

（4）根据价格短期走势预测，计算出基差（即现货价格和期货价格之间的差额）预期变动额，并据此做出进入和离开期货市场的时机规划，并予以执行。

五、套期保值的实际运作

（一）做好套期保值前的准备

1. 了解期货市场运行特点

企业在进行套期保值前，不但要了解期货市场的基本运行特点，而且要了解我国期货市场的自身特点。原因在于多数企业不具备进入海外期货市场进行套期保值的能力，只能利用国内期货市场进行套期保值交易。相比国外发达期货市场，我国期货市场具有发展时间短、市场规模有限、交易品种有限等特点。企业应充分分析我国期货市场的特点，灵活运用理论知识进行套期保值以达到规避风险的目的。

2. 重视相关交易制度及规则

相关制度及规则主要指期货交易所对相关交易品种的有关风险管理制度、套期保值管理办法及相关品种交割方面的制度及规定。具体包括：

（1）健全风险管理制度。风险管理制度是期货交易所为保证期货交易平稳有序进行，降低期货交易风险的一系列制度。主要有：保证金制度、涨跌停板制度、持仓限额制度、强行平仓制度等。

（2）健全套期保值管理制度。套期保值管理制度是期货交易所对套期保值交易专门制订的套期保值管理办法，主要规定套期保值的申请条件、审批程序、建仓方式与监督管理等。

（3）健全交割制度。交割制度是期货交易所规范不同交易品种的交割，对仓单注册及注销管理、品种交割流程、交割费用等进行规定的制度规范。

（二）识别和评估被套期风险

在套期保值业务中，企业所要关注的被套期风险主要是由金融市场价格变化而产生的财务风险，主要包括价格波动风险、汇率风险和利率风险。

1. 价格波动风险

价格波动风险是指由企业的商品市场价格变动导致衍生工具价格变动或价值变动而引起的风险，在套期保值中，主要指企业要进行套期保值的被套期对象的价格波动风险。套期保值是在现货市场上买进或卖出一定数量现货商品的同时，在期货市场上卖出或买进与现货品种相同、数量相当、但方向相反的期货商品，以一个市场的盈利来弥补另一个市场的亏损，达到规避价格风险的交易方式。因此，在进行套期保值之前，首先要考虑的就是被套期项目的价格变动风险。期现货市场环境的变化，加剧了企业套期保值的市场风险，尤其是被套期项目的价格变动的风险，直接导致企业利润的不确定性。因此，不论买入套期保值，还是卖出套期保值，识别和评估被套期项目的价格波动风险是企业决定是否进行套期的关键因素之一。

2. 汇率风险

汇率风险是指预期以外的汇率变动对企业价值的影响，由交易风险、外币折算风险和经济风险而产生。被套期项目为很可能发生的预期交易时，必须识别和评估预期交易的交易风险，分析其对套期有效性的影响。被套期的现货和远期合约主要取决于外汇市场的供给和需求，必然受到外汇汇率的影响，企业在对其进行套期保值之前，应识别和评估被套期现货和远期合同的外币折算风险。经济风险主要体现于竞争对手的地理位置和活动，是汇率风险的一个重要决定因素。在套期保值中，企业应评估被套期项目所处企业竞争对手的外部环境和经济活动，识别被套期项目所处的经济风险。因此，识别和评估被套期项目所处的汇率风险，是企业决定是否对其进行套期保值的又一个重要因素。

3. 利率风险

利率风险是利率变动对收益或资本所产生的风险，作为被套期项目的金融资产或负债均具有利率风险。利率变动使得未来现金流量的现值及现金流本身被改变，因此，企业资产、负债及与利率相关的、资产负债表外合同的价值，都会受到利率变动的影响。在套期保值开始之前，企业应识别被套期项目的利率风险，尤其是由被套期的不同金融工具间的利率关系发生改变而产生的基准风险，和由被套期金融产品中嵌入的利率相关期权而产生的期权风险。密切关注被套期金融工具所处金融市场的利率变化，评估金融资产和金融负债之间的利率调整差异，根据企业自身的风险偏好和承受度，选择适当的被套期项目。

（三）制定套期保值策略与计划

1. 选择是否进行套期保值，确定合理目标

企业应根据不同业务特点，统一确定风险偏好和风险承受度，据此确定风险预警线，确定是否进行套期保值。此外，还应该综合考虑融资及管理层的要求，比较特定阶段现货敞口净冒险额与套期保值可能的相关成本，确定是否进行套期保值。

确定进行套期保值后，应根据不同的套期保值项目确定合理的套期保值目标。套期保值目标一般分为两类：第一类是完全套期保值，即为了最大程度防范不利价格风险，锁定正常利润；第二类是部分套期保值，即在防范一定风险，降低利润波动率的同时，充分利用风险可能带来的机会，提高经营效率。

2. 确定套期保值方向

企业确定使用套期保值后，应根据保值目标的性质和任务，严格确定套期保值工具的买卖方向。决定套期保值方向时，企业应该根据经营状况判明绝对风险的所在（正库存或负库存），针对风险来源做反向操作。套期保值净持仓方向取决于正负库存相加后的净库存，应与净库存的方向相反。

3. 确定套期保值比例

套期保值比例，即保值力度，指进行套期保值的现货资产数量占总的现货资产数量的比

例。完全套期保值时，套期保值比例等于1；部分套期保值时，套期保值比例小于1。

确定套期保值比例时，主要考虑：（1）企业风险承受能力，这是整个套期保值比例设定的基础，选择的套期保值比例必须位于企业风险承受能力之下。（2）市场价格预期，这是选择套期保值比例的重要依据。根据对市场价格的预期，选择在风险承受能力下最有利于企业的套期保值比例。（3）市场基差结构。当市场出现有利于或不利于企业套期保值比例的基差结构时，必须根据其性质和大小调整套期保值比例。（4）流动资金规模。现金流动风险是保值企业重要的风险之一，如果保值规模过大，价格一旦剧烈波动，企业可能面临保证金支付危机。

4. 选择套期保值工具和品种

套期保值工具包括远期合约、期货、期权、互换以及各种组合型衍生品。企业应该综合考虑风险来源、套期保值工具特点、套期保值效果以及成本等因素，选择结构简单、流动性强、风险可控的金融衍生工具开展套期保值业务。

套期保值品种指期货交易所可供交易的期货合约的种类。企业应该综合考虑套期保值期限、不同合约的流动性和基差水平等因素，选择符合企业要求的期货品种进行套期保值。

5. 确定套期保值比率

套期保值比率指套期保值者在建立交易头寸时所确定的期货合约总值与所保值的现货合同总值之间的比例关系。企业应根据套期保值品种、套期保值合约和套期保值期限等实际要求，选择合适的最优套期保值比率模型，计算最优套期保值比率。

6. 确定套期保值期限

套期保值期限分为固定期限和非固定期限。固定期限指企业一旦建立套期保值合约就不再变化，只有在现货市场进行买进或卖出交易时，才在期货市场进行相反的交易。非固定期限指企业建立套期保值合约后，根据市场走势的预期确定大致套期保值期限，以后根据市场状况变化灵活改变平仓时机。企业应根据套期保值目的，选择套期保值期限。

7. 选择建仓的目标价位

企业应根据自身购销情况、市场实际情况和趋势，结合数量分析模型与市场经验数据，确定合理的套期保值目标价位。一般做法是分级设定不同档次的价位，分步建仓。

（四）优化套期保值方案

企业应该根据自身套期保值需要和市场的变化，不断调整优化已经制定和投入运行的套期保值方案，把套期保值成本和风险控制在低水平，使套期保值取得预期效果。

1. 进行科学深入的形势分析

科学深入的形势分析，可以保证企业制定切实可行的套期保值策略，可以使企业更好把握经营活动中的风险点和风险度，可以使企业精确考虑风险承受能力，预备防范对策。科学深入的形势分析是企业调整优化套期保值方案的基础。

2. 科学选择建仓时机

建仓时机决定了建仓价格、合适性和风险性。如果选择在市场高点建立买入头寸，则企业未来遇到期货头寸亏损的可能性就大。套期保值建仓时机，主要根据企业确定的套期保值目标价格及基差情况来确定。

3. 选择策略要灵活

为了提高套期保值效果，必须结合实际操作制订和不断完善操作策略。套期保值策略根据不同标准，可以分为：静态套期保值策略和动态套期保值策略、单一目标价位策略和多级目标价位策略、完全套期保值策略和部分套期保值策略等。企业应该根据市场情况、经营特点、经营策略、资金实力和人员专业能力，选择合适的套期保值策略。

4. 必要的配套工作

套期保值的配套工作主要包括：（1）配备熟练掌握套期保值理论和实务的专业人才队伍；（2）制订正确的风险管理理念及合理的套期保值决策体制；（3）对套期保值所需财务支持做好计划和准备，对套期保值本身的风险做出预计和防范安排；（4）经营活动各环节认真落实套期保值方案。此外，针对复杂的套期保值，可以寻求专业第三方的支持。

（五）套期保值跟踪与控制

套期保值跟踪与控制作为一个动态管理和控制过程，其主要任务是监视和观察企业套期保值操作过程与程序的合规性，跟踪市场形势变化和套期保值头寸盈亏变化，跟踪企业现货环节对套期保值需要的配比变化，并及时处置套期保值头寸面临的各种风险等。这是贯穿于套期保值主要过程的重要环节，实施套期保值跟踪与控制应该注意以下两点。

1. 正确评价保值效果

评价套期保值的效果就是评价是否达到了套期保值的目标，即实现企业现货经营风险的对冲和转移。具体说来，评价套期保值的效果应该坚持：（1）从现货和期货两个市场盈亏相抵后的净值看是否达到预定目标；（2）从较长时间段评价套期保值的效果。

2. 建立应急处理机制

市场形势不断变化，时刻影响企业套期保值的效果。企业建立应急处理机制，及时有效地应对市场价格出现对套期保值头寸的不利变化。应急处理机制，具体包括：（1）确立判断危机的标准，据此决定是否启动应急处理机制；（2）组建专业团队，处理危机事件；（3）建立备选应急预案。

六、套利交易

期货套利是指利用相关市场或者相关合约之间的价差变化，在相关市场或者相关合约上进行交易方向相反的交易，以期在价差发生有利变化而获利的交易行为。如果发生利用期货市场与现货市场之间的价差进行的套利行为，那么就称为期现套利。如果发生利用期货市场上不同合约之间的价差进行的套利行为，那么就称为价差交易。正是由于期货市场上套利行为的存在，从而极大丰富了市场的操作方式，增强了期货市场投资交易的艺术特色。在价差交易刚开始出现时，市场上的大多数人都把它当成是投机活动的一种，而伴随着该交易活动得越来越频繁的发生，影响力越来越大的时候，套利交易则被普遍认为是发挥着特定作用的具有独立性质的与投机交易不同的一种交易方式。期货市场套利的技术与做市商或普通投资者大不一样，套利者利用同一商品在两个或者更多合约之间的价差，而不是任何一合约的价格进行交易。因此，他们的潜在利润不是基于商品价格的上涨或者下跌，而是基于不同合约月份之间价差的扩大或者缩小，从而构成其套利交易的头寸。正是由于套利交易的获利并不是依靠价格的单边上涨或下跌来实现的，因此在期货市场上，这种风险相对较小而且是可以控制的，而其收益则是相对稳定且比较优厚的操作手法备受大户和机构投资者的青睐。从国外成熟的交易经验来看，这种方式被当作是大型基金获得稳定收益的一个关键。

套利交易目前已经成为国际金融市场中的一种主要交易手段，由于其收益稳定，风险相对较小，国际上绝大多数大型基金均主要采用套利或部分套利的方式参与期货或期权市场的交易，随着我国期货市场的规范发展以及上市品种的多元化，市场蕴含着大量的套利机会，套利交易已经成为一些大机构参与期货市场的有效手段。

在进行套利交易时，投资者关心的是合约之间的相互价格关系，而不是绝对价格水平。投资者买进自认为价格被市场低估的合约，同时卖出自认为价格被市场高估的合约。如果价格的变动方向与当初的预测相一致；即买进的合约价格走高，卖出的合约价格走低，那么投资者可从两合约价格间的关系变动中获利。反之，投资者就有损失。

七、套利交易形式

套利交易主要有三种形式：跨期套利、跨市套利及跨品种套利。

（一）跨期套利

跨期套利是指用同一交易所的同种商品但不同交割月份的期货合约的价差进行的套利交易。具体地说，就是在同一交易所买入或卖出某一交割月份的某商品期货合约的同时，卖出或买入另一交割月份的同一商品的期货合约，以期在有利时机同时将两种期货合约对冲平仓的交易。

根据所买卖的交割月份及买卖方向的差异，跨期套利可以分为牛市套利、熊市套利、蝶式套利。

牛市套利：当市场是牛市时，一般来说，近期合约价格上升幅度大于远期合约，或价格下跌幅度小于远期合约。在这种情况下，买入近期月份的合约同时卖出远期月份的合约进行套利盈利的可能性比较大，我们称这种套利为牛市套利。

熊市套利：当市场是熊市时，一般来说，近期合约价格跌幅大于远期合约，或近期合约价格涨幅小于远期合约。在这种情况下，卖出近期月份的合约同时买入远期月份的合约进行套利盈利的可能性比较大，我们称这种套利为熊市套利。在进行熊市套利时需要注意，如果近期合约的价格已经相当低，以致它不可能进一步偏离远期合约时，进行熊市套利是很难获利的。

蝶式套利是由两个方向相反、共享居中交割月份的跨期套利组成。蝶式套利所涉及的三个合约是近期合约，居中合约和远期合约。具体操作方法是：买入（或卖出）近期月份合约，同时卖出（或买入）居中合约，并买入（或卖出）远期合约，即近期、远端合约的方向一致，居中合约的方向则和它们相反。在头寸的布置上，则采取 1 份近期合约，2 份居中合约，1 份远端合约的方式。由于蝶式套利操作较为复杂，一般的交易系统很难应付。

（二）跨市套利

跨市套利，是指在某个市场买入（或者卖出）某一交割月份的某种商品合约的同时，在另一个市场上卖出（或者买入）同种商品相应的合约，以期利用两个市场的价差变动来获利。通常，跨市交易既可在国内交易所之间进行，也可在不同国家的交易所之间进行。

虽然跨市套利是一种较稳健的保值和投资方式，但依旧存在一定的风险因素。

（1）比价稳定性。比价关系只在一定时间和空间内具备相对的稳定性，这种稳定性是建立在一定的现实条件下的。一旦这种条件被打破，比如税率、汇率、贸易配额、远洋运输费用、生产工艺水平等外部因素的变化，将有可能导致比价偏离均值后缺乏“回归性”。

（2）市场风险。市场风险主要是指在特定的市场环境下或时间范围内，套利合约价格的异常波动，处在这种市场情形之下的套利交易者如果不能及时采取相对措施，在交易所落实化解市场风险的措施过程中，可能会有获利头寸被强行平仓，留下亏损的单向头寸，从而导致整个套利失败。

（3）信用风险。由于国内禁止未经允许的境外期货交易，大多数企业只能采取各种变通方式通过注册地在香港或新加坡的小型规模代理机构进行外盘操作，这种途径存在一定的信用风险。

（4）时间敞口风险。由于内外盘交易时间存在一定差异，因此很难实现同时下单操作，不可避免地存在时间敞口问题，加大了跨市套利的操作风险。

（5）政策性风险。政策性风险或称为系统性风险，指国家对有关商品进出口政策的调整、关税及其他税收政策的大幅变动等，这些都可能导致跨市套利的条件发生重大改变，进而影响套利的最终效果。

（三）跨品种套利

跨品种套利主要是指在买入或卖出某种商品合约的同时，卖出或买入相关的另一种商品合约，当两者的差价收缩或扩大至一定程度时，平仓了结的交易方式。属于投资者对相同交割月份的不同但相关商品价格间的变动关系的预测和买卖。

常见跨品种套利有：1. 大豆和豆粕套利；2. 大豆和豆油套利；3. 豆粕和豆油套利（即油粕套利）；4. 大豆和玉米套利（种植面积竞争）；5. 豆粕和玉米套利（饲料消费替代）；6. 玉米和麦子套利（饲料消费替代）；7. 麦子和早籼稻套利（南北饮食习惯替代）；8. 豆油，棕榈油，菜油，油脂三角套利；9. 棉花和 pta 套利（涤纶短纤替代）；10. 塑料和 pvc 套利；11. 塑料和 pta 套利；12. 塑料和橡胶套利；13. 螺纹钢和线材套利；14. 螺纹钢和 pvc 套利；15. 螺纹钢和焦炭套利；16. 铜锌，铜铝，锌铝，铅锌套利。

八、套利的优缺点

套利交易风险小，回报稳定，对于大资金而言，如果单边重仓介入，将面临持仓成本较高、风险较大的不足，反之，如果单边轻仓介入，虽然可能降低风险，但其机会成本、时间成本也较高。因此，整体而言，大资金单边重仓或单边轻仓介入期市，均难以获得较为稳定和理想的回报。而大资金如以多空双向持仓介入期市，也就是进行套利交易，则既可回避单边持仓所面临的风险，又可能获取较为稳定的回报。

（一）套利交易的优点

1. 更低的波动率

由于套利交易博取的是不同合约的价差收益，而价差的一个显著优点是通常具有更低的波动率，于是套利者面临的风险更小。一般而言，价差的波动比期货价格的波动小得多。例如，上海期货交易所交易的铜每天的价格变化一般为 400 ~ 700 元/吨，但是相邻交割月份之间的价差每天变动约为 80 ~ 100 元/吨。许多商品价格的波动性都很强，需要日常监控。而价差的日内波动往往很小，只需要每天监控几次甚至更少。如果一个账户的资金波动很厉害，投机者必须存入更多的钱来防止可能的损失。利用套利交易，则很少有这样的担忧。

2. 有限的风险

套利交易是唯一的具有有限风险的期货交易方式。由于套利行为的存在以及套利者之间的竞争选择，期货合约之间的价格偏差会得到纠正。考虑到套利的交易成本，期货合约之间的价差会维持在一个合理范围内，所以价差超过该范围的情况是不多的。这意味着你可以根据价差的历史统计，在历史的高位或低位区域建立套利头寸，同时你可以估算出所要承担的风险水平。

3. 更低的风险

因为套利交易的对冲特性，它通常比单边交易有更低的风险。这是我们在比较套利和单边交易时需要考虑的重要因素。为什么风险会更低？投资组合理论表明，由两个完全负相关的资产构成的投资组合最大限度地降低了组合风险。套利是同时买卖两个高度相关的期货合约，也就是构造了一个由两个几乎完全负相关的资产构成的投资组合，该组合的风险自然大大降低了。

4. 对涨跌停的保护

许多套利交易的对冲特性，可以对涨跌停提供保护。因为政治事件、天气和政府报告等等，期货价格可以暴涨暴跌，有时甚至引起涨跌停，价格封死在涨跌停板上而无法成交。一个做反了的单边交易者在能够平仓之前会损失惨重。这往往会造成交易者的账户亏空，而需要追加保证金。在同样的环境下，套利交易者基本上都受到保护。以跨期套利为例，由于套利交易者在同一种商品既做多又做空，在涨跌停日，他的账户通常不会发生大幅亏损。虽然在涨跌停打开后，价差可能不朝交易者预测的方向走，但由此所造成的损失往往比单边交易小得多。

5. 更有吸引力的风险/收益比率

相对于给定的单边头寸，套利头寸可以提供一个更有吸引力的风险/收益比率。虽然每次套利交易收益不很高，但成功率高，这是由价差的有限的风险、更低的风险以及更低的波动率特性带来的好处。长期而言，做单边交易盈利的只占少数，往往 10 个人中不超过 3 个人是盈利的。而套利不一样，它有收益稳定、低风险的特点，所以它具有更吸引人的收益/风险比率，从而更适宜大资金的运作。在持有单边头寸的多空双方激烈争夺过程中，套利者往往可以择机介入，轻松获利。

6. 价差比价格更容易预测

期货的价格由于其较大的波动率往往不容易预测。在牛市中，期货价格会涨得出乎意料的高，而在熊市中，期货价格会跌得出乎意料的低。套利交易不是直接预测未来期货合约的价格变化，而是预测未来供求关系变化引起的价差的变化。做后一种预测显然比前一种预测的难度大为降低。决定未来影响商品价格的供求关系是十分复杂的，虽然有规律可循，但仍然包含许多不确定性。而预测价差的变化，则不必考虑所有影响供求关系的因素。由于两种期货合约的关联性，许多不确定的供求关系只会造成两种合约价格的同涨同跌，对价差的影响不大，对这一类供求关系就可以忽略了。预测两种合约间价差的变化只需要关注各合约对相同的供求关系变化反应的差异性，这种差异性决定了价差变动的方向和幅度。

（二）套利交易的不足

1. 潜在收益受限制

在许多投资者看来，套利的最大缺点是潜在的收益受限制。这是很正常的，当你限制了交易中的风险，通常也会限制你的潜在收益。不过，最终是否选择套利交易，还得权衡套利的诸多优点和有限的潜在收益。

2. 绝好的套利机会很少频繁出现

套利机会的多寡，与市场的有效程度密切相关。市场的效率越低，套利机会越多；市场的效率越高，套利机会越少。就目前国内的期市而言，有效程度还不高，各个期货品种每年都会存在几次较好的套利机会。不过，相对于单边大趋势，每年的套利机会也算多的了。

3. 套利也有风险

套利虽然具有有限风险、更低风险的优点，但毕竟还是有风险的。这种风险来自于：价格偏差继续错下去。合约之间的强弱关系往往在短期内保持“强者恒强，弱者恒弱”的态势。假如这种价格偏差最终会被纠正，套利者在这种交易中也不得不遭受暂时的损失。如果投资者能承受这种亏损，最终就会扭亏为盈，但有时投资者无法熬过亏损期。况且，如果做空的合约遇到挤空现象且持续到该合约交割，那么价格偏差将无法纠正，套利交易必以失败告终。

九、股票现货与沪深300期货合约之间的期现套利

每当期货合约的价格与其合理价值发生严重背离时，就可以调整股票现货和股指期货头寸来获利。

当股指期货价格超过其合理价值时，按比例增大股指期货的空头头寸、同时增大股票现货的头寸；当股指期货价格低于其合理价值时，套利者应减小股指期货空头头寸、同时减小股票现货头寸。

由于这种交易中，股票现货和股指期货头寸始终方向相反，也就是处于互相套保的，所以实际风险相对较小。但是，这种模型所博取的利润是：股指期货价格回归速度始终会超过股票回归速度。即它的差价一般不会很大，所以只适合大资金操作。

模型的营利时间在价格回归过程中，亏损时间在价格发散的过程中（因为股指期货相应的回规和发散速度都会超过股票现货）。

增加或减少头寸时的比例的基本原则是：偏离越大增加越多，反之亦然。

这种现货与期货的持仓调整策略称为指数套利。但这种交易要求买卖指数成分股的所有股票，并且要找到合适的股指理论价格。其动态运算复杂，参数较多，必须利用计算机程序来进行自动交易。

任务描述 4－1

3月26日，豆粕的现货价格为每吨1980元，某饲料企业为了避免将来现货价格可能上升，从而提高原材料的成本，决定在大连商品交易所进行豆粕套期保值交易。而此时豆粕8月份期货合约的价格为每吨1920元，基差为60元/吨，该企业于是在期货市场上买入10手8月份豆粕合约。6月2日，他在现货市场上以每吨2110元的价格买入豆粕100吨，同时在期货市场上以每吨2040元卖出10手8月份豆粕合约，来对冲3月26日建立的空头头寸。分析这次套期保值中是否有盈余？

解决方案

交易情况见表1－47。

表 1 - 47

日期	现货市场	期货市场	基差
3 月 26 日	豆粕现货价格 1980 元/吨	买入 10 手 8 月份豆粕合约：价格 1920 元/吨	60 元/吨
6 月 2 日	买入 100 吨豆粕：价格 2110 元/吨	卖出 10 手 8 月份豆粕合约：价格 2040 元/吨	70 元/吨
损益	亏损 130 元/吨	盈利 120 元/吨	基差走强 10 元/吨，亏损 10 元/吨

净亏损 = 10 元/吨 × 10 吨/手 × 10 手 = 1000（元）

在该例中，现货价格和期货价格均上升，在期货市场的盈利在很大程度上抵消了现货价格上涨带来的亏损。饲料企业获得了较好的套期保值结果，有效地防止因原料价格上涨带来的风险。但是，由于现货价格的上升幅度大于期货价格的下降幅度，基差扩大，从而使得饲料企业在现货市场上因价格上升买入现货蒙受的损失大于在期货市场上因价格上升卖出期货合约的获利，盈亏相抵后仍亏损 1000 元，这是基差的不利变动引起的，是正常的。同样，如果现货市场和期货市场的价格不是上升而是下降，加工商在现货市场获利，在期货市场损失。但是只要基差扩大，现货市场的盈利不能完全弥补期货市场的损失，就出现净亏损。

任务描述 4 - 2

当前远月合约和近月合约的价差大于持仓成本时，就可进行套利，收益即是两者的差。查询资料，说明豆油的期现套利成本包含哪些？

解决方案

持仓成本主要包括仓储费、手续费、交割费、过户费、质检费、增值税、资金利息等几项费用，不同套利方式中间环节费用会有差别。豆油的期现套利持仓成本见表 1 - 48。

豆油套利成本 = 仓租费 + 资金利息 + 交易费用 + 交割费用 + 增值税

表 1 - 48

1. 仓储费	0.9 元/吨 · 天
2. 交割手续费	4 元/吨（两次交割）
3. 交易手续费	1.6 元/吨（两次交易，手续费按实际收取为准，这里按交易所两倍收取）
4. 年贷款利率	6%
5. 增值税	以建仓价位与交割结算价差 × 13% 计算
6. 资金利息	交割结算价 × 6% × 时间

课堂训练

1. 北京某一铝型材厂的主要原料是铝锭，2015 年 3 月铝锭的现货价格为每吨 12900 元，该厂根据市场的供求关系变化，认为两个月后铝锭的现货价格要上涨，为了回避两个月后购进 500 吨铝锭时在价格上涨上的风险，该厂决定进行套期保值。3 月初以 13100 元/吨的价格买入 500 吨 5 月份到期的铝期货合约，到 5 月该厂在现货市场上买铝锭时价格已上涨为 15000 元/吨，而此时期货价格已涨至 15250 元/吨。试画表分析计算这次套期保值中这家铝型材厂的盈亏情况（要求画图说明：图中应标明正/反向市场，基差走强/弱），并说明这种情况下进行买入套期保值是否能得到完全保护。

2. 10 月 1 日，次年 3 月的玉米合约价格为 2.15 美元/蒲式耳，次年 5 月的合约价格为 2.30 美元/蒲式耳。交易者预计玉米价格将上涨，3 月与 5 月的价差将有可能缩小。该交易者买入 2 手（1 手为 5000 蒲式耳）3 月份玉米合约同时卖出 2 手 5 月份玉米合约。到了 12 月 1 日，3 月和 5 月的玉米合约价格分别涨为 2.25 美元/蒲式耳和 2.35 美元/蒲式耳，交易者将这两种合约平仓，完成套利。试画表分析这次套利活动的盈亏，说明价差的变化情况；指出这属于牛市还是熊市套利，并画出相应的图。

课后训练

1. 某加工商为了避免玉米现货价格风险，在大连商品交易所做买入套期保值，买入 10 手期货合约建仓，基差为 -20 元/吨，卖出平仓时的基差为 -50 元/吨，计算该加工商在套期保值中的盈亏状况。

2. 良楚公司购入 500 吨小麦，价格为 1300 元/吨，为避免价格风险，该公司以 1330 元/吨价格在郑州小麦 3 个月后交割的期货合约上做卖出保值并成交。2 个月后，该公司以 1260 元/吨的价格将该批小麦卖出，同时以 1270 元/吨的成交价格将持有的期货合约平仓。计算该公司该笔保值交易的结果（其他费用忽略）。

学习情境二　期货公司柜台业务

学习目标

- 准确引导客户完成期货开户、转户、销户及第三方托管工作
- 掌握期货交易业务流程
- 能够看懂期货结算表单，进行期货结算
- 能够为客户解释期货专业术语

本学习情境包含三个学习单元：期货开户流程，期货专业术语，期货结算。

学习单元一　期货开户流程

知识链接

一、期货开户风险

交易投资者应须清楚明白买卖期货及期权的风险后才能入市交易。交易所会员必须向客户阐明期货及期权的性质和风险。

并非每个投资者均适合买卖期货及期权。投资者必须衡量其承担市场波动风险或负担亏损的能力。

投资者在充分了解有关风险之余，应先征询符合资质要求的期货从业人员，让他们分析期货及期权产品是否适合您的个人需要，然后再做出买卖决定。

投资者在签署有关文件和开户买卖前，须仔细阅读及领会有关风险揭示文件，该文件属于客户合同的一部分。

二、开户条件

（1）具有完全民事行为能力；

（2）有与进行期货交易相适应的自有资金或者其他财产，能够承担期货交易风险；

（3）有固定的住所；

（4）符合国家、行业的有关规定。

三、开户注意事项

1. 期货开户完全免费，且期货交易中只存在手续费费用，不会以任何形式收取其他费用。同时需特别说明的是投资人必须通过合法期货公司进行期货交易。

2. 期货资金全部实现银企转账，您在银行开通银期转账业务后可以在银行账户和期货账户之间自由调拨资金，无须现金流动通过网上银行即可完成全部操作。各大合作期货公司已和证监会签订协议，所有客户资金交易账单均可在证监会下属网站——中国期货保证金监控中心网站上查知，资金绝对安全、可靠无忧。

3. 正规期货交易时间为早上9点到11点半，下午1点半到3点。任何标榜24小时交易的期货渠道均为非法代理国外电子盘，请投资者切勿相信某些投资公司以国外黄金期货代理为名的非法交易途径，目前国内要做期货交易必须通过正规期货公司进行，这一点和做股票必须通过证券公司道理一样。

4. 不能从事期货交易的机构和个人。国家机关和事业单位、期货监管和中介机构、市场禁止进入者均不得从事期货交易。

5. 期货开户要拍照，不可以自带相片，需按照证监会的要求，投资者在现场开户时必须留备影像资料，此资料仅供传送给主管部门，并不会形成外泄。

四、期货开户表格填写

与一般的商品现货相比，期货交易在其业务操作流程上具有自身的特点，概括地说就是规范性、系统性、程序性和完整性。这是由于期货交易竞争性强，风险程度高，必须严密组织、严格管理。期货交易业务操作一般包括合约交易、账户清算、实物交割等几个方面。

期货交易规则要求交易参与者在决定参与交易的时候，必须首先履行开立交易账户的手续。要买进或卖出一张（或更多的）期货合约，必须经过下单、审单、报单、交易、回报这样几个环节，从而完成一个基本的流程。

由于期货交易必须集中在交易所内进行，而在场内操作交易的只能是交易所的会员，包括期货经纪公司和自营会员。普通投资者在进入期货市场交易之前，应首先选择一个具备合法代理资格、信誉好、资金安全、运作规范和收费比较合理的期货经纪公司会员。自营会员没有代理资格。

投资者在经过对比、判断，选定期货经纪公司之后，即可向该期货经纪公司提出委托申请，开立账户。开立账户实质上是投资者（委托人）与期货经纪公司（代理人）之间建立的一种法律关系。

一般来说，各期货经纪公司会员为客户开设账户的程序及所需的文件不尽相同，但基本程序及方法大致相同（详见图2-1）。

（一）风险揭示

客户委托期货经纪公司从事期货交易必须事先在期货经纪公司办理开户登记。

期货经纪公司在接受客货开户申请时，需向客户提供《期货交易风险揭示书》。个人客户应在仔细阅读并理解后，在该《期货交易风险说明书》上签字；客户应在仔细阅读并理解之后，由单位法定代表人在该《期货交易风险说明书》上签字并加盖单位公章。

（二）签署合同

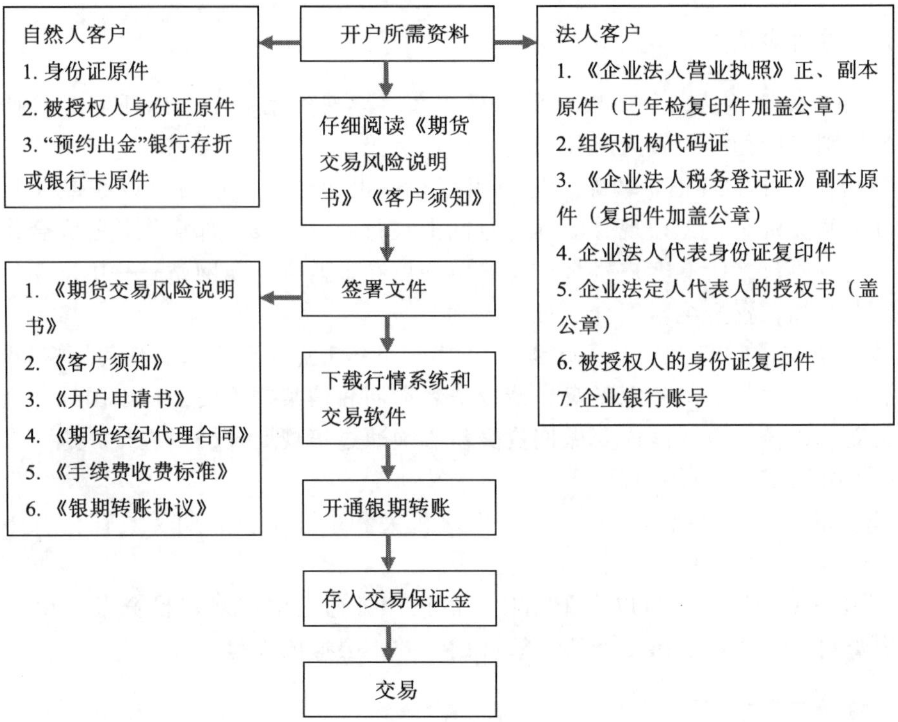

图 2－1 期货开户流程图

期货经纪公司在接受客户开户申请时，双方须签署《期货经纪合同》。个人客户应在该合同上签字，单位客户应由法定代表人在该合同上签字并加盖公章。

个人开户应提供本人身份证，留存印鉴或签名样卡。单位开户应提供《企业法人营业执照》影印件，并提供法定代表人及本单位期货交易业务执行人的姓名、联系电话、单位及其法定代表人或单位负责人印鉴等内容的书面材料及法定代表人授权期货交易业务执行人的书面授权书。

交易所实行客户交易编码登记备案制度，客户开户时应由期货经纪公司按交易所统一的编码规则进行编号，一户一码，专码专用，不得混码交易。期货经纪公司注销客户的交易编码，应向交易所备案。

（三）缴纳保证金

客户在期货经纪公司签署期货经纪合同之后，应按规定缴纳开户保证金。期货经纪公司应将客户所缴纳的保证金存入期货经纪合同中指定的客户账户中，供客户进行期货交易。期货经纪公司向客户收取的保证金，属于客户所有；期货经纪公司除按照中国证监会的规定为客户向期货交易所交存保证金进行交易结算外，严禁挪作他用。

五、下单

客户在按规定足额缴纳开户保证金后，即可开始交易，进行委托下单。所谓下单，是指客户在每笔交易前向期货经纪公司业务人员下达交易指令，说明拟买卖合约的种类、数量、价格等的行为。通常，客户应先熟悉和掌握有关的交易指令，然后选择不同的期货合约进行具体交易。

（一）常用交易指令

交易指令是投资者执行其投资决策的手段，其重要性不言而喻。运用恰当的交易指令，可以大大提高投资者的操作便利程度，更快捷地执行交易决策，减少不必要的损失，进而增加市场的活跃度。

现阶段，我国期货行业相较发达国家上百年的历史还年轻，在交易指令的创新方面还有巨大的空间。

目前，我国四大期货交易所执行的主要还是以限价、市价、撤销为代表的基本交易指令（见表 2－1）。2007 年大商所率先推出的套利交易指令，在我国期货交易机制创新方面迈出了有重要意义的一步。

表 2－1　　目前我国四大期货交易所交易指令

	限价	市价	撤销	市价止损/止盈	套利（同品种跨期、跨品种）
上期所	○	X	○	X	X
大商所	○	○	○	○	○
郑商所	○	○	○	X	○
中金所	○	○	○	X	X

1. 限价指令

限价指令是指定一个价格，当市场价格低于这个价格时买进；或者指定一个价格，当市场价格高于这个价格时卖出。它的特点是可以按客户的预期价格成交，成交速度相对较慢，有时无法成交。限价指令以价格优先，时间优先的原则排序。

限价指令是指限定价格的买卖申报指令。限价指令为买进申报的，只能以其限价或限价以下的价格成交；为卖出申报的，只能以其限价或限价以上的价格成交。限价指令当日有效。

2. 市价指令

市价指令也称随行就市，是指按照市场当时最好的价格立即（尽快）买（卖）某一特定交割月份期货合约的交易指令。

市价是指交易商进行交易委托时，不必输入委托价格，以对方限价指令作为交易成交价。市价指令优先于限价指令并只与对方的限价指令成交，交易双方市价指令不成交。市价指令按输入时间优先的原则排序。

市价指令是指不限定价格的、按照当时市场上可执行的最优报价成交的指令。市价指令的未成交部分自动撤销。

发出这种指令，一般是当市场价格连续上升时争取尽快购进，当市场价格连续下跌时争取好价卖出。

这种指令的优点是交易可以迅速有效地完成，因为场内交易人员在接受了该指令后，就意味着有权立即进行交易指令的执行。

这种指令的缺点是交易的结果不一定使客户十分满意，因为这种指令的交易风险较大，特别是在市场价格波动十分剧烈时。

3. 撤销指令

撤销指令又可分为直接撤销指令和撤销前一指令两种。直接撤销指令名副其实，它只负责撤销投资者已经发出的指令。例如，如果一个投资者已经发出了一个认购某种期货合约的指令，但随着市场行情的变动，他逐渐发现这种认购对他不利，他就可以通过向其经纪人发出撤销指令来取消这笔对他不利的期货交易。撤销前一指令又称撤销和替代指令，不仅可以撤销投资者已经发出的指令，而且还必须同时发出一个新的指令。这种指令一般只适用于那些期货专业人员。

4. 止损指令

又叫停损指令或 STOP 指令。是指当市场价格达到客户预计的价格水平时即变为市价指令予以执行的一种指令。客户利用止损指令可以有效地锁定利润、减少损失。投资者在建仓后，出于控制风险的目的，接着下达一个触发条件的平仓指令，它的作用在于控制亏损扩大；在某个价格条件满足时迅速通过交易所的交易系统发出平仓指令，这个条件往往是当时价格向投资者原有头寸不利的方向急速发展时出现，这个指令触发下达后，交易所交易系统将优先成交，因为这是一种割肉式的斩仓指令，所以在国外又叫 STOP 指令。

5. 套利指令

套利指令是指同时买入和卖出两种期货合约的指令。一个指令执行后，另一个指令也立即执行。

套利指令是以买进一个期货合约而卖出另一个期货合约的指令。其合约既可以是相同的，也可以是不同的，其市场即可在相同的市场中进行买卖，又可在不同的市场上进行买卖。

该指令的内容包括跨商品套利指令、跨期套利指令和跨市场套利指令等。下达套利指令可以不指定具体的买卖价格，而是以一个固定的价差来确定指令，这是因为套利者并不关心某一期货合约的价格，决定套利交易结果的两个相关合约之间的价差的变化。

例如，“购买一手 7 月棉花期货合约，并以 170 个基点以上的价差出售一手 11 月棉花期货合约”，这就是一个以价差报价的跨期套利指令。

（二）下单方式

客户在正式交易前，应制定详细周密的交易计划。在此之后，客户即可按计划下单交易。客户可以通过书面、电话或者中国证监会规定的其他方式向期货经纪公司下达交易指令。具体下单方式有如下几种。

1. 书面下单

客户亲自填写交易单，填好后签字交由期货经纪公司交易部，再由期货经纪公司交易部通过电话报单至该公司在期货交易所场内的出市代表输入指令进入交易所主机撮合成交。

2. 电话下单

客户通过电话直接将指令下达到期货经纪公司交易部，再由交易部通知出市代表下单。期货经纪公司须将客户的指令予以录音，以备查证。事后，客户应在交易单上补签字。

期货经纪公司在接受客户指令后，应及时通知出市代表。出市代表应及时将客户的指令输入交易席位上的计算机终端进行竞价交易。

3. 网上下单

客户通过因特网或局域网，使用经纪公司配置的网上下单系统进行网上下单。进入下单系统后，客户需输入自己的客户号与密码，经确认后即可输入下单指令。下单指令通过因特网或局域网传到经纪公司后，通过专线传到交易所主机进行撮合成交。客户可以在经纪公司的下单系统获得成交回报。

（三）竞价

国内期货合约价格的形成方式是：计算机撮合成交。

计算机撮合成交是根据公开喊价的原理设计而成的一种计算机自动化交易方式，是指期货交易所的计算机交易系统对交易双方的交易指令进行配对的过程。这种交易方式具有准确、连续等特点。

国内期货交易所计算机交易系统的运行，一般是将买卖申报单以价格优先、时间优先的原则进行排序。当买入价大于、等于卖出价则自动撮合成交，撮合成交价等于买入价（bp）、卖出价（sp）和前一成交价（cp）三者中居中的一个价格。

开盘价和收盘价均由集合竞价产生。

开盘价集合竞价在某品种某月份合约每一交易日开市前5分钟内进行，其中前4分钟为期货合约买、卖价格指令申报时间，后1分钟为集合竞价撮合时间，开市时产生开盘价。

收盘价集合竞价在某品种某月份合约每一交易日收市前5分钟内进行，其中前4分钟为期货合约买、卖价格指令申报时间，后1分钟为集合竞价撮合时间，收市时产生收盘价。

交易系统自动控制集合竞价申报的开始和结束，并在计算机终端上显示。

集合竞价采用最大成交量原则，即以此价格成交能够得到最大成交量。高于集合竞价产生的价格的买入申报全部成交；低于集合竞价产生的价格的卖出申报全部成交；等于集合竞价产生的价格的买入或卖出申报，根据买入申报量和卖出申报量的多少，按少的一方的申报量成交。

（四）成交回报与确认

当期货经纪公司的出市代表收到交易指令后，确认无误后以最快的速度将指令输入计算机内进行撮合成交。当计算机显示指令成交后，出市代表必须马上将成交的结果反馈回期货经纪公司的交易部。期货经纪公司交易部将出市代表反馈回来的成交结果记录在交易单上并打上时间戳记后，将记录单报告给客户。成交回报记录单应包括以下几个项目：成交价格、成交手数、成交回报时间等。

客户对交易结算单记载事项有异议的，应当在下一交易日开市前向期货经纪公司提出书面异议；客户对交易结果单记载事项无异议的，应当在交易结算单上签字确认或者按照期货经纪合同约定的方式确认。客户既未对交易结算单记载事项确认，也未提出异议的，视为对交易结算单的确认。对于客户有异议的，期货经纪公司应当根据原始指令记录和交易记录予以核实。

提示

一、采集照片规定

开户时，期货公司必须实时采集并保存的投资者影像资料有：自然人投资者的头部正面照、身份证正面扫描件，机构投资者的开户代理人头部正面照、开户代理人身份证正面扫描件、机构投资者营业执照（副本）和组织机构代码证的扫描件。期货公司必须按照统一的格式要求采集并以电子文档方式集中统一保存投资者影像资料，并随其他开户材料一并存档备查。具体要求见表 2－2。

表 2－2

客户类型	影像资料	采集方式	文件大小	影像文件名格式
自然人	客户头部正面照（头部占三分之二）	当场拍摄	不超过 150KB	<客户内部资金账户>_ <客户开户日期>_ 11. jpg
	客户身份证	当场扫描	不超过 200KB	<客户内部资金账户>_ <客户开户日期>_ 12. jpg
法人	开户代理人头部正面照	当场拍摄	不超过 150KB	<客户内部资金账户>_ <客户开户日期>_ 21. jpg
	开户代理人身份证	当场扫描	不超过 200KB	<客户内部资金账户>_ <客户开户日期>_ 22. jpg
	营业执照（副本）	当场扫描	不超过 500KB	<客户内部资金账户>_ <客户开户日期>_ 23. jpg
	组织机构代码证	当场扫描	不超过 500KB	<客户内部资金账户>_ <客户开户日期>_ 24. jpg

二、金额规定

1. 无交易情况下，账户保底金额为 ¥1000.00 元。

2. 当日有仓单资金不得转出。

任务描述 1－1

认真学习开户所需填写的表格《期货交易风险揭示声明书》，在完全掌握的基础上协助客户完成，并为客户解释相关术语。

解决方案

期货交易风险揭示声明书

市场风险莫测　务请谨慎从事

尊敬的客户：

根据中国证监会的规定，现向您提供本《期货交易风险说明书》。

进行期货交易风险相当大，可能发生巨额损失，损失的总额可能超过您存放在期货公司的全部初始保证金以及追加保证金。因此，您必须认真考虑自己的经济能力是否适合进行期货交易。

考虑是否进行期货交易时，您应当明确以下几点：

一、您在期货市场进行交易，假如市场走势对您不利导致您的账户保证金不足时，期货公司会按照期货经纪合同约定的时间和方式通知您追加保证金，以使您能继续持有未平仓合约。如您未于规定时间内存入所需保证金，您持有的未平仓合约将可能在亏损的情况下被强行平仓，您必须承担由此导致的一切损失。

二、您必须认真阅读并遵守期货交易所和期货公司的业务规则，如果您无法满足期货交易所和期货公司业务规则规定的要求，您所持有的未平仓合约将可能根据有关规则被强行平仓，您必须承担由此产生的后果。

三、在某些市场情况下，您可能会难以或无法将持有的未平仓合约平仓。例如，这种情况可能在市场达到涨跌停板时出现。出现这类情况，您的所有保证金有可能无法弥补全部损失，您必须承担由此导致的全部损失。

四、由于国家法律、法规、政策的变化，期货交易所交易规则的修改，紧急措施的出台等原因，您持有的未平仓合约可能无法继续持有，您必须承担由此导致的损失。

五、由于非期货交易所或者期货公司所能控制的原因，例如：地震、水灾、火灾等不可抗力因素或者计算机系统、通信系统故障等，可能造成您的指令无法成交或者无法全部成交，您必须承担由此导致的损失。

六、在国内期货交易中，所有的交易结果须以当日交易所或结算机构的结算数据为依据。如果您利用盘中即时回报的交易结果作进一步的交易，您可能会承担额外的风险。

七、“套期保值”交易同投机交易一样，同样面临价格波动引起的风险。

八、如果您未遵守中国证监会关于期货保证金安全存管的规定，将可能会影响您的期货保证金的安全性。

九、利用互联网进行期货交易时将存在（但不限于）以下风险，您将承担由此导致的损失：

1. 由于无法控制和不可预测的系统故障、设备故障、通讯故障、电力故障、网络故障及其他因素，可能导致交易系统非正常运行甚至瘫痪，使您的交易指令出现延迟、中断、数据错误等情况；

2. 由于网上交易系统存在被网络黑客和计算机病毒攻击的可能性，由此可能导致交易系统故障，使交易无法进行及行情信息出现错误或延迟；

3. 互联网上的数据传输可能因通信繁忙等原因出现延迟、中断、数据错误或不完全，从而使网上交易出现延迟、中断；

4. 如果您缺乏网上交易经验，可能因操作不当造成交易失败或交易失误；

5. 您的密码失密或被他人盗用。

本《期货交易风险说明书》无法揭示从事期货交易的所有风险和有关期货市场的全部情形。故您在入市交易之前，应全面了解期货交易法律、法规、期货交易所规则及期货公司的业务规则，对自身的经济承受能力、风险控制能力、身体及心理承受能力（仅对自然人客户而言）作出客观判断，对期货交易作仔细的研究。

以上《期货交易风险说明书》的各项内容，本人/单位已阅读并完全理解。

（请抄写以上画线部分）

客户：

（签字或盖章）

签署日期：　　年　月　日

任务描述 1 – 2

认真学习开户所需填写的表格《客户须知》，在完全掌握的基础上协助客户完成，并为客户解释相关术语。

解决方案

客户须知

一、客户需具备的开户条件

客户应是具备从事期货交易主体资格的自然人、法人或其他经济组织。

自然人开户须是年满十八周岁、具有完全民事行为能力的公民。

客户须以真实的、合法的身份开户。客户须保证资金来源的合法性。客户须保证所提供的《企业法人营业执照》、身份证及其他有关资料的真实性、合法性、有效性。

二、开户文件的签署

自然人开户的必须由客户本人签署开户文件，不得委托代理人代为办理开户手续。

法人、其他经济组织等机构客户开户的可委托代理人办理开户手续、签署开户文件。委托代理人开户的机构客户应向公司提供真实、合法、有效的开户代理人授权委托书。

三、客户需知晓的事项

（一）知晓期货交易风险

客户应知晓从事期货交易具有风险。客户应在开户前对自身的经济承受能力和心理承受能力做出客观判断，应仔细阅读并签字确认《期货交易风险说明书》。

（二）知晓期货公司不得做获利保证

客户应知晓期货交易中任何获利或者不会发生损失的承诺均为不可能或者是没有根据的，期货公司不得与客户约定分享利益或共担风险。

（三）知晓期货公司不得接受客户的全权委托

客户应知晓期货公司及其工作人员不得接受客户的全权委托，客户也不得要求期货公司或其工作人员以全权委托的方式进行期货交易。全权委托指期货公司代客户决定交易指令的内容。

（四）知晓客户本人须对其代理人的代理行为承担民事责任

客户代理人是基于客户的授权，代表客户实施民事行为的人，代理人在代理权限内以客户名义进行的行为即视为客户自己的行为，代理人向客户负责，客户对代理人代理行为的后果承担一切责任。

（五）知晓从业人员资格公示网址

有关期货公司期货从业人员的信息可以通过中国期货业协会网站（www. cfachina. org）的期货从业人员执业资格公示数据库进行查询和核实。

（六）知晓期货保证金安全存管的有关规定

为保障期货保证金的安全，客户应当知晓并遵守中国证监会有关期货保证金存取的规定，应当确保将资金直接存入中国期货保证金监控中心公告的期货公司的期货保证金账户，期货保证金的存取应当通过客户在期货公司登记的期货结算账户和期货公司的期货保证金账户转账办理。

（七）知晓期货公司的期货保证金账户和结算资料的查询网址

客户可以登录中国期货保证金监控中心有限责任公司网站（以下简称中国期货保证金监控中心）（www.cfmmc.com），了解有关期货公司的期货保证金账户信息以及期货公司为客户提供的结算信息。

（八）知晓从事中间介绍业务证券公司的有关规定

客户应知晓只有取得中间介绍业务资格的证券公司方可从事中间介绍业务。证券公司从事中间介绍业务限于以下服务内容：

1. 协助办理开户业务；

2. 提供期货行情信息、交易设施；

3. 中国证监会规定的其他服务。

从事中间介绍业务的证券公司不得代客户进行期货交易、结算或交割，不得收付期货保证金，不得代客户接收、保管或者修改交易密码，不得为客户从事期货交易提供融资或担保，不得利用客户的交易编码、资金账号或者期货结算账户进行期货交易。

以上《客户须知》的各项内容，本人/单位已阅读并完全理解。

（请抄写以上画线部分）

乙方：

（签字或盖章）

签署日期：　　　年　月　日

任务描述 1-3

认真学习开户所需填写的表格《开户申请表》，在完全掌握的基础上协助客户完成，并为客户解释相关术语。

解决方案

开户申请表（自然人）

<table>
<tr><td>会员名称</td><td colspan="10"></td></tr>
<tr><td rowspan="2">会员号</td><td colspan="2">上海期货交易所</td><td colspan="2"></td><td colspan="2">大连商品交易所</td><td colspan="2"></td><td>郑州商品交易所</td><td></td></tr>
<tr><td colspan="2">中国金融期货交易所</td><td colspan="3"></td><td colspan="2">会员性质</td><td colspan="3"></td></tr>
<tr><td colspan="11">自然人开户申请（申请人填写）</td></tr>
<tr><td>姓名</td><td></td><td colspan="2">性别</td><td></td><td colspan="2">出生年月</td><td colspan="2"></td><td>职业</td><td></td></tr>
</table>

续表

证件类型			证件号码	
联系电话				
联系地址			邮政编码	
是否从事过期货交易	是		否	
从事期货交易的目的	保值		投机	

指令下达人

姓名		联系电话	
证件类型		证件号码	
联系地址		邮政编码	

资金调拨人

姓名		联系电话	
证件类型		证件号码	
联系地址		邮政编码	

结算单确认人

姓名		联系电话	
证件类型		证件号码	
联系地址		邮政编码	

客户期货结算账户

户名（全称）	开户银行编号	期货保证金存管银行名称（明确到具体开户网点）	期货结算账户账号	此账户是否开通银期转账（Y/N）	此账户是否开通网上银行（Y/N）

声明：以上为本人登记的用于期货交易出入金的银行结算账户，本人在期货公司的出入金均通过以上账户办理。

本人有能力承担风险，并保证资金来源的合法性和所提供资料的真实性。

申请人签名：　　　　　　　　　　　　申请日期：　　年　　月　　日

同意开户记录（会员填写）

续表

<table>
<tr><td rowspan="2">投资者交易编码</td><td>上海期货
交易所</td><td></td><td>大连商品
交易所</td><td></td></tr>
<tr><td>郑州商品
交易所</td><td></td><td>中国金融期
货交易所</td><td></td></tr>
<tr><td colspan="5">审批意见：
会员盖章：　　　　　　　负责人签字：　　　　　　　　　　　审批日期：　　年　月　日</td></tr>
</table>

说明：

1. 客户开立账户必须提供身份证明及相关证明文件，并保证证明文件的真实性。

2. 填表人明确此份申请表是客户开户必备法律文件之一，保证以上填写内容属实，并在上述填写内容发生变化时及时通知期货公司。

开户申请表（机构）

<table>
<tr><td>会员名称</td><td colspan="8"></td></tr>
<tr><td rowspan="2">会员号</td><td>上海期货
交易所</td><td></td><td>大连商品
交易所</td><td colspan="2"></td><td>郑州商品
交易所</td><td colspan="2"></td></tr>
<tr><td>中国金融期
货交易所</td><td colspan="2"></td><td>会员
性质</td><td colspan="4"></td></tr>
<tr><td colspan="9">法人开户申请（申请单位填写）</td></tr>
<tr><td>单位名称</td><td colspan="2"></td><td>单位性质</td><td colspan="5"></td></tr>
<tr><td colspan="2">营业执照号（正本）</td><td></td><td colspan="2">税务登记号</td><td colspan="4"></td></tr>
<tr><td colspan="2">组织机构代码证</td><td></td><td colspan="2">注册资本</td><td colspan="4"></td></tr>
<tr><td colspan="2">法定代表人（负责人）</td><td colspan="7"></td></tr>
<tr><td colspan="2">经营范围</td><td colspan="7"></td></tr>
<tr><td>联系地址</td><td colspan="3"></td><td>邮政编码</td><td colspan="4"></td></tr>
<tr><td>联系人</td><td colspan="2"></td><td colspan="2">联系电话</td><td colspan="4"></td></tr>
<tr><td colspan="2">是否从事过期货交易</td><td>是</td><td></td><td>否</td><td colspan="4"></td></tr>
<tr><td colspan="2">从事期货交易的目的</td><td>保值</td><td></td><td>投机</td><td></td><td>其他</td><td colspan="2"></td></tr>
<tr><td colspan="9">开户代理人</td></tr>
<tr><td>姓名</td><td colspan="3"></td><td>联系电话</td><td colspan="4"></td></tr>
<tr><td>证件类型</td><td colspan="3"></td><td>证件号码</td><td colspan="4"></td></tr>
<tr><td>联系地址</td><td colspan="3"></td><td>邮政编码</td><td colspan="4"></td></tr>
<tr><td colspan="9">指令下达人</td></tr>
<tr><td>姓名</td><td colspan="3"></td><td>联系电话</td><td colspan="4"></td></tr>
</table>

续表

证件类型		证件号码	
联系地址		邮政编码	
资金调拨人			
姓名		联系电话	
证件类型		证件号码	
联系地址		邮政编码	
结算单确认人			
姓名		联系电话	
证件类型		证件号码	
联系地址		邮政编码	

客户期货结算账户

户名（全称）	开户银行编号	期货保证金存管银行名称（明确到具体开户网点）	期货结算账户账号	此账户是否开通银期转账（Y/N）	此账户是否开通网上银行（Y/N）

声明：以上为本单位登记的用于期货交易出入金的银行结算账户，本单位在期货公司的出入金均通过以上账户办理。

本单位有能力承担风险，并保证资金来源的合法性和所提供资料的真实性。

申请单位盖章：　　　　法定代表人（负责人）签字：　　　　申请日期：　　年　月　日

同意开户记录（会员填写）

投资者交易编码	上海期货交易所		大连商品交易所	
	郑州商品交易所		中国金融期货交易所	

审批意见：

会员盖章：　　　　负责人签字：　　　　审批日期：　　年　月　日

说明：1. 客户开立账户必须提供相关证明文件，并保证该证明文件的真实性。法人或其他经济组织客户开户，必须提供具有中国法人资格或其他经济组织资格的合法证件原件及与原件相一致的复印件（包括营业执照、法人代表证明、税务登记证等）。

2. 填表人明确此份申请表是客户开户必备法律文件之一，保证以上填写内容属实，并在上述填写内容发生变化时及时通知期货公司。

任务描述 1－4

认真学习开户所需填写的表格《期货经纪合同》，在完全掌握的基础上协助客户完成，并为客户解释相关术语。

解决方案

示范文本

甲方：×× 期货经纪公司　　　　　乙方：

甲、乙双方经过平等协商，就甲方为乙方提供期货交易服务的有关事项订立本合同。

第一节　合同订立前的说明、告知义务

第一条　在签署本合同前，甲方已向乙方出示了《期货交易风险说明书》及《客户须知》，并充分揭示了期货交易的风险。乙方已仔细阅读、了解并理解了上述文件的内容。

第二条　乙方应在签署本合同前仔细阅读所有条款，特别是有关甲方的免责条款，并准确理解其含义。

第三条　乙方以自己的名义委托甲方从事期货交易，保证所提供的证件及资料具有真实性、合法性及有效性。乙方声明并保证不具有下列情形：

（一）无民事行为能力或者限制民事行为能力的自然人；

（二）中国证监会、中国期货业协会、期货交易所、期货保证金安全存管监控机构、期货公司的工作人员及其配偶；

（三）国家机关、事业单位；

（四）证券、期货市场禁止进入者；

（五）未能提供开户证明文件的单位或个人；

（六）中国证监会规定不得从事期货交易的其他单位或个人。

如果以上声明部分或全部不真实，乙方承担由此产生的全部法律责任并自行承担由此造成的一切损失。

第四条　甲方应当在营业场所备置期货交易法律、法规、各期货交易所规则、甲方业务规则等相关文件，并公开甲方从业人员名册及从业人员资格证明等资料供乙方查阅。乙方可以向甲方询问上述规则的含义，对于乙方的询问甲方应当详细解释。

第二节　委　　托

第五条　乙方委托甲方按照乙方交易指令为乙方进行期货交易；甲方接受乙方委托，并按照乙方交易指令为乙方进行期货交易。

甲方根据期货交易所规则执行乙方交易指令，乙方应当对交易结果承担全部责任。

第六条　乙方所选择的代理人（包括开户代理人、指令下达人、资金调拨人、结算单确认人）均非甲方工作人员，代理人在乙方授权范围内所做出的任何行为均代表乙方行为，乙方应承担由此产生的全部责任。

第七条　乙方如变更代理人，应当书面通知甲方并经甲方确认。乙方是机构客户的，乙方的法定代表人或者负责人应当在变更通知上签字并加盖公章。

第三节　保证金及其管理

第八条　甲方在期货保证金存管银行开设期货保证金账户，代管乙方交存的保证金。乙方可以通过中国期货保证金监控中心的网站（www. cfmmc. com）查询甲方的期货保证金账户。

第九条 乙方的出入金通过其在开户申请表中登记的期货结算账户与期货公司在同一期货保证金存管银行开设的期货保证金账户以同行转账的形式办理。乙方的出入金方式应符合中国证监会及期货保证金存管银行资金结算的有关规定。

第十条 乙方应当保证其资金来源的合法性。甲方有权要求乙方对资金来源的合法性进行说明，必要时可以要求乙方提供相关证明。

乙方对其所做的说明及提供的证明文件负保证义务，并承担相应的法律责任。

第十一条 乙方交存的保证金属于乙方所有，除下列可划转的情形外，甲方不得挪用乙方保证金：

（一）依照乙方的指示支付可用资金；

（二）为乙方交存保证金；

（三）为乙方支付交割货款或者乙方未履约情况下的违约金；

（四）乙方应当支付的手续费、税款及其他费用；

（五）有关法律、法规或中国证监会、期货交易所规定的其他情形。

第十二条 乙方可以根据期货交易所的规则以标准仓单、国债等价值稳定、流动性强的有价证券充抵保证金。甲方应按照期货交易所规则的要求代为办理。

第十三条 甲方有权根据期货交易所、结算机构的规定、市场情况，或者甲方认为有必要时自行调整保证金比例。甲方调整保证金比例时，以甲方发出的调整保证金公告或者通知为准。

第十四条 甲方认为乙方持有的未平仓合约风险较大时，有权对乙方单独提高保证金比例或者拒绝乙方开仓。在此种情形下，提高保证金或者拒绝乙方开仓的通知单独对乙方发出。

第十五条 甲方应当对乙方期货保证金账户的有关信息保密，但国家法律、法规和中国证监会有特别规定的除外。

为保障乙方保证金的安全，乙方同意甲方按照中国证监会的规定或要求，向中国期货保证金监控中心报送乙方与保证金安全存管相关的信息。

第四节　交易指令的类型及下达

第十六条 乙方可以通过互联网、电话或书面等方式向甲方下达交易指令。乙方下达的交易指令类型应当符合各期货交易所及甲方的相关规定。

乙方通过互联网下达期货交易指令，是指乙方使用计算机并通过互联网，包括甲方局域网络向甲方下达交易指令，进行期货交易的一种交易方式，简称网上交易。

第十七条 乙方进行网上交易的，应当按照甲方的要求以自己的交易账号（即资金账号）、交易所交易编码、交易密码等下达交易指令。

第十八条 乙方进行网上交易的，甲方交易服务器内的委托记录将作为甲乙双方核查交易指令合法、有效的证明。乙方同意，甲方交易服务器内的交易记录与书面指令具有同等法律效力。

第十九条 由于网上交易系统受各种因素的影响存在中断的可能性，为保证乙方交易的正常进行，甲方为乙方提供备用下单通道，当乙方不能正常进行网上交易时，可改作电话方式或书面方式下单。

第二十条　乙方通过电话方式下达交易指令的，应当设定电话交易密码。交易时，按照资金账号、名称或姓名、电话交易密码下达交易指令。乙方同意，只要三者相符，相应的交易指令就视为乙方下达。

以电话方式下达交易指令的，甲方有权进行同步录音保留原始交易指令记录。乙方同意，甲方的录音记录将作为甲乙双方核查交易指令合法、有效的证明，书面指令具有同等法律效力。

第二十一条　乙方以书面方式下达交易指令的，交易指令单的填写应完整、准确、清晰，并由乙方或者乙方指令下达人签字（及/或盖章）。

第二十二条　乙方应当妥善管理自己的密码，为确保安全，乙方应当在首次启用期货交易相关密码后更改初始密码，并自定义和全权管理本人的密码。由于乙方管理不善造成密码泄密所带来的损失，甲方不予承担责任。

第五节　交易指令的执行与错单处理

第二十三条　乙方下达的交易指令应当包括乙方账号（或交易编码）、品种、合约、数量、买卖方向、价格、开平仓方向等内容。

甲方有权审核乙方的交易指令，包括但不限于保证金是否充足，指令内容是否明确，是否违反有关法律、法规和期货交易规则等，以确定指令的有效性。当确定乙方的指令为无效指令时，甲方有权拒绝执行乙方的指令。

第二十四条　乙方在发出交易指令后，可以在指令全部成交之前向甲方要求撤回或者修改指令。但如果该指令已经在期货交易所全部或部分成交的，乙方则应当承担交易结果。

第二十五条　由于市场原因或者其他非甲方所能预见、避免或控制的原因导致乙方交易指令全部或者部分无法成交的，甲方不承担责任。

第二十六条　甲方错误执行乙方交易指令，除乙方认可的以外，交易结果由甲方承担。

第六节　通知与确认

第二十七条　甲方对乙方的期货交易实行当日无负债结算。只要乙方在该交易日有交易、有持仓或者有出入金的，甲方均应在当日结算后按照本合同约定的方式向乙方发出显示其账户权益状况和成交结果的交易结算报告。

乙方同意在没有交易、持仓及出入金时，甲方可以不对乙方发出交易结算报告，除非乙方特别要求。

第二十八条　为确保甲方能够履行通知义务，乙方及时了解自己账户的交易情况，双方同意利用中国期货保证金监控中心查询系统作为甲方向乙方发送交易结算报告、追加保证金通知等文件的主要通知方式。

甲方应在每日收盘以后，及时将乙方账户的交易结算报告、追加保证金通知等文件发送到中国期货保证金监控中心；乙方登录中国期货保证金监控中心查询系统，接收甲方发出的交易结算报告、追加保证金通知等文件。

第二十九条　中国期货保证金监控中心的网址为 www. cfmmc. com，乙方可通过该网址登录中国期货保证金监控中心查询系统。乙方登录查询系统的用户名为________________。乙方登录查询系统的初始密码为______________________。

乙方应遵照中国期货保证金监控中心的有关规定，及时修改密码。

第三十条　由于中国期货保证金监控中心查询系统只保存最近两个月的投资者账户信息，在乙方销户以后，查询系统也会相应取消对乙方的查询服务，因此，乙方应及时将接收到的结算报告或通知书打印或者下载保存。

第三十一条　由于中国期货保证金监控中心查询系统与甲方采用的交易结算系统不同，甲方着重提示乙方应注意二者在格式、公式、概念上的区别，以免对交易账户的状况产生误解，造成不必要的损失。

甲方结算系统与查询系统的主要差别在于：____

____。

第三十二条　除采用中国期货保证金监控中心查询系统作为主要通知方式外，甲方同时采用以下辅助通知方式向乙方发送每日交易结算报告、追加保证金通知、单独调整保证金通知等文件：

（一）____；

（二）____。

第三十三条　乙方有义务随时关注自己的交易结果并妥善处理持仓，如果乙方因某种原因无法收到或者没有收到当日交易结算报告的，应于下一个交易日开市前向甲方提出，否则，视同乙方收到当日交易结算报告。乙方提出未收到交易结算报告的，甲方应及时补发。

乙方在交易日开市前未对前日交易结算报告提出异议的，视为乙方对交易结算报告记载事项的确认。异议应由乙方本人或其授权的结算单确认人以书面方式（传真或当面提交）向甲方提出，甲方应当及时处理所收到的书面异议。

第三十四条　甲乙双方约定采用以下方式向乙方发出除单独调整保证金之外的调整保证金通知：

□网站公告

□营业场所公告

□其他方式

第三十五条　甲方或者乙方要求变更本节通知方式的，应当及时书面通知对方，并经对方确认后方可生效。否则，由变更造成的通知延误或者损失均由变更方负责。

第三十六条　乙方对当日交易结算报告的确认，视为乙方对该日及该日之前所有持仓和交易结算结果、资金存取的确认。

第三十七条　由于甲方原因导致交易结算报告的记载事项出现与实际交易结果和权益不符的，乙方的确认不改变乙方的实际交易结果和权益。对于不符事项，甲、乙双方可以根据原始财务凭证及交易凭证另行确认。

第三十八条　乙方在本合同约定的时间内以约定方式向甲方提出书面异议的，甲方应当根据原始指令记录和交易记录及时核实。当对与交易结果有直接关联的事项发生异议时，为避免损失的可能发生或者扩大，甲方在收到乙方的异议时，可以将发生异议的持仓合约进行平仓或者重新执行乙方的交易指令。由此发生的损失由有过错一方承担。

第三十九条　交易结果不符合乙方的交易指令，甲方有过错的，除乙方认可外，甲方应当在下一交易日闭市前重新执行乙方交易指令，或者根据乙方的意愿采取其他合理的解决办法，并赔偿由此造成的直接损失。

第七节　风险控制

第四十条　乙方在其持仓过程中，应当随时关注自己的持仓、保证金和权益变化情况，并妥善处理自己的交易持仓。

第四十一条　甲方以风险率（或者其他风险控制方式）来计算乙方期货交易的风险。风险率（或者其他风险控制方式）的计算方法为：____。

甲方对乙方在不同期货交易所的未平仓合约统一计算风险。

第四十二条　当乙方的风险率________时，甲方将于当日交易结算报告中向乙方发出追加保证金通知，乙方应当在下一交易日开市前及时追加保证金或者在开市后立即自行平仓。否则，甲方有权对乙方的部分或全部未平仓合约强行平仓，直至乙方可用资金≥0。

第四十三条　在期货交易所限仓的情况下，当乙方持有的未平仓合约数量超过限仓规定时，甲方有权不经乙方同意按照期货交易所的限仓规定对其超量部分强行平仓。乙方应承担由此产生的结果。

第四十四条　在期货交易所或结算机构根据有关规定要求甲方对乙方持有的未平仓合约强行平仓的情况下，甲方有权未经乙方同意按照期货交易所或结算机构的要求和甲方相关规则对其持有的未平仓合约强行平仓。乙方应承担由此产生的结果。

第四十五条　当甲方依法或者依约定强行平仓时，乙方应承担强行平仓的手续费及由此产生的结果。

第四十六条　只要甲方选择的平仓价位和平仓数量在当时的市场条件下属于合理的范围，乙方同意不以强行平仓的时机未能选择最佳价位和数量为由向甲方主张权益。

第四十七条　甲方强行平仓不符合法定或者约定条件并有过错的，除乙方认可外，应当在下一交易日闭市前恢复被强行平仓的头寸，或者根据乙方的意愿采取其他合理的解决办法，并赔偿由此给乙方造成的直接损失。

第四十八条　由于市场原因导致甲方无法采取强行平仓措施产生的损失由乙方承担。

第四十九条　甲方在采取本节规定的强行平仓措施后，应在事后及时将有关情况告知乙方。

第八节　现货月份平仓和交割

第五十条　乙方申请实物交割的，应当在期货交易所规定的期限前______个交易日向甲方提出书面申请，并经甲方按规定程序确认。乙方申请实物交割，应符合期货交易所的相关规定。否则，甲方有权拒绝接受乙方的实物交割申请。

第五十一条　乙方申请实物交割的，应当在甲方规定的期限前向甲方提交足额的交割保证金或者有效的标准仓单等期货交易所要求的凭证或票据，并保证资金来源的合法性和凭证、票据的真实性。

超过上述规定的期限，乙方未下达平仓指令，也未向甲方提交足额的交割保证金、凭证或票据的，甲方有权在未通知乙方的情况下，对乙方的未平仓合约进行平仓，由此产生的费用和结果由乙方承担。

第五十二条　交割通知、交割货款的交收、实物交付及交割违约的处理办法，依照相关期货交易所和甲方的交割业务规则执行。

第五十三条　乙方进行股指期货交易的，最后交易日闭市后所有未平仓合约均自动进入交割程序，交割按交易所和甲方的相关业务规则执行。

第五十四条　乙方若申请套期保值头寸，应当按照期货交易所的相关规定向甲方提供相应的文件或者证明，并对相应文件的真实性、有效性负责。甲方应当协助乙方申请套期保值头寸。套期保值头寸的确定以期货交易所批准的为准。

第九节　信息、培训与咨询

第五十五条　甲方应当在其营业场所或者网站向乙方提供国内期货市场行情、信息及与交易相关的服务。

甲方提供的任何关于市场的分析和信息仅供乙方参考，不构成对乙方下达指令的指示、诱导或者暗示。

乙方应当对自己的交易行为负责，不能以根据甲方的分析或者信息入市为理由，要求甲方对其交易亏损承担责任。

第五十六条　甲方可以以举办讲座、发放资料及其他方式向乙方提供期货交易知识和交易技术的培训服务。乙方有权向甲方咨询有关期货交易的事项，甲方应予以解释。

第五十七条　乙方应当及时了解期货监管部门及相关期货交易所的法律、法规和规则，并可要求甲方对上述内容进行说明。

第五十八条　乙方有权查询自己的原始交易凭证，有权了解自己的账户情况，甲方应当给予积极配合。

第五十九条　有关甲方期货从业人员的信息可以通过中国期货业协会网站（http：//www.cfachina.org）的期货从业人员执业资格公示数据库进行查询。甲方应当在其营业场所提供必要的设备，以便乙方登陆中国期货业协会网站查询期货从业人员资格公示信息。

第十节　费用

第六十条　乙方应当向甲方支付期货交易和交割的手续费。手续费收取按照双方约定的《手续费收取标准》执行。

第六十一条　乙方应当支付甲方向期货交易所、结算机构代付的各项费用及税款。

第十一节　合同生效与变更

第六十二条　本合同经双方签字后（乙方为机构客户的须加盖公章），于乙方开户资金汇入甲方账户之日起生效。

第六十三条　本合同履行过程中，如果相关法律、法规、规章、政策及期货交易所规则发生变化，甲方有权依照上述变化直接变更本合同与此相关部分的条款，变更或补充条款优先适用。

根据上述情况的变化，甲方对本合同有关条款进行的变更或补充，以本合同约定的通知方式及在甲方营业场所、网站公告等方式向乙方发出，变更或补充协议于该协议发出______日后生效。变更与补充协议生效之前，乙方有权与甲方进行协商。

第六十四条　除本合同第六十三条所述情况外，如需变更或者补充本合同，需双方协商一致并签订书面变更或者补充协议。变更或者补充协议经甲方授权的代表签字、加盖甲方公章，乙方或者其授权代理人签字盖章后生效。变更或补充协议优先适用。

第六十五条　本合同履行过程中的未列明事宜，按国家有关法律、法规、规章、政策及相关期货交易所的规则、甲方相关业务规则以及期货交易惯例处理。

第十二节　合同终止与账户清算

第六十六条　甲乙双方均有权随时解除本合同，合同的解除对已发生的交易无溯及力。

第六十七条　甲方向乙方提出解除合同的，应当提前______天以书面形式通知乙方。乙方未在此期间内自行清理账户的，甲方有权拒绝乙方的新单交易指令及资金调拨指令，乙方应对其账户清算的费用、清算后的债务余额以及由此造成的损失负全部责任。

第六十八条　乙方可以通过撤销账户的方式终止本合同。但在下列情况下，乙方不得撤销账户：

（一）乙方账户上持有未平仓合约或存在交割遗留问题尚未解决。

（二）乙方与甲方有未清偿的债权、债务关系。

（三）乙方与甲方有交易纠纷尚未解决的。

第六十九条　甲方因故不能从事期货业务时，应当采取必要措施妥善处理乙方的持仓和保证金。经乙方同意，甲方应将乙方持仓和保证金转移至其他期货公司，由此产生的合理费用由甲方承担。

第七十条　甲方、乙方终止合同的，乙方应当办理书面销户手续，签署《销户确认书》。

第十三节　免责条款

第七十一条　由于地震、火灾、战争等不可抗力因素导致的交易中断、延误等，甲方不承担责任，但应当在条件允许的范围内采取一切必要的补救措施以减少因不可抗力造成的损失。

第七十二条　由于国家有关法律、法规、规章、政策或者期货交易所规则的改变、紧急措施的出台等导致乙方所承担的风险，甲方不承担责任。

第七十三条　由于通信系统繁忙、中断，计算机交易系统故障，网络及信息系统故障，电力中断等原因导致指令传达、执行出现延迟、中断或数据错误，甲方没有过错的，甲方不承担责任。

第七十四条　由于互联网上黑客攻击、非法登录等风险的发生给乙方造成的损失，甲方不承担责任。

第十四节　争议解决

第七十五条　凡因本合同引起的或与本合同有关的任何争议，甲乙双方可以自行协商解决或向中国期货业协会申请调解，协商或调解不成的，可以提请仲裁或者提起诉讼；也可以直接提请仲裁或者提起诉讼。

甲乙双方协商按下列选择提请仲裁或提起诉讼（注：请在选项前□内打√并填写有关内容，在非选项前□内打×）：

□ 提请　　　　　　　　　　仲裁委员会仲裁；

□ 向　　　　　　　　　　　人民法院起诉。

第十五节　其　　他

第七十六条　甲方应按照中国证监会的规定，及时办理乙方登录中国期货保证金监控中心投资者查询系统的相关事宜。

第七十七条　甲乙双方签订的《期货经纪合同》以及相关附件，其权利义务只涉及甲乙双方。乙方不得利用在甲方开立的账户，以甲方工作人员的身份活动，通过网上交易或其他形式开展期货经纪业务或其他活动。若因乙方过错而使甲方遭受损失和不良影响的，乙方应当承担相应的赔偿责任。

第七十八条 本合同未尽事宜，双方另行议定。

第七十九条 《期货交易风险说明书》《客户须知》《开户申请表》《手续费收取标准》及其他补充协议为本合同不可分割的组成部分，与本合同具有同等法律效力。

第八十条 本合同一式三份，甲方执二份，乙方执一份。

甲方：××期货经纪有限公司　　　　　　　　乙方：
授权签字：　　　　　　　　　　　　　　　（签字或盖章）
盖章

签约日期：　　年　月　日

合同附件一

手续费收取标准

甲乙双方经平等协商，就手续费收取标准确定如下：

交易所	合约名称	买/卖手续费（元/手，单边）	交割手续费（元/手，单边）
中国金融期货交易所	沪深300指数/IF		
	5年期国债期货/TF		
	10年期国债期货/T		
	上证50指数/IH		
	中证500指数/IC		
上海期货交易所	铝/AL		
	铜/CU		
	燃料油/FU		
	橡胶/RU		
	锌/ZN		
	黄金/AU		
	白银/AG		
	螺纹钢/RB		
	线材/WR		
	铅/PB		
	沥青/BU		

续表

交易所	合约名称	买/卖手续费（元/手，单边）	交割手续费（元/手，单边）
大连商品交易所	黄大豆一号/A		
	黄大豆二号/B		
	玉米/C		
	线型低密度聚乙烯 LLDPE/L		
	豆粕/M		
	棕榈油/P		
	豆油/Y		
	鸡蛋/JD		
	纤维板/FB		
	胶合板/BB		
	聚氯乙烯/V		
	焦炭/J		
	焦煤/JM		
	铁矿石/I		
郑州商品交易所	强麦/WH		
	普麦/PM		
	棉花/CF		
	白糖/SR		
	PTA/TA		
	菜籽油/OI		
	早籼稻/RI		
	甲醇/ME		
	玻璃/FG		
	油菜籽/RS		
	菜籽粕/RM		
	动力煤/TC		
	粳稻/JR		

本附件与《期货经纪合同》第十节所记载事项如有不符，以本附件为准。期货经纪有限公司有权根据相关交易所的交易费用的变化随时做出相应调整。

甲方：××期货经纪有限公司　　　　乙方：
签章：　　　　　　　　　　　　　签章：

签署日期：　　年　　月　　日

合同附件二

期货交易委托代理人授权书

一、指令下达人

代理权限：委托________作为本人/单位的委托代理人，代表本人/单位下达交易及交割指令。
委托代理人（签字留样）：
证件类型：
证件号码：

二、资金调拨人

代理权限：委托________作为本人/单位的委托代理人，代表本人/单位下达资金调拨指令。
委托代理人（签字留样）：
证件类型：
证件号码：

三、交易结算报告确认人

代理权限：委托________作为本人/单位的委托代理人，代表本人/单位对交易结算结果进行确认。
委托代理人（签字留样）：
证件类型：
证件号码：

委托人：
（签字或盖章）：
时间：

任务描述 1-5

认真学习开户所需填写的表格《银证转账协议》，在完全掌握的基础上协助客户完成，并为客户解释相关术语，如银证转账的概念及银证转账对客户的账户资金保障作用。

解决方案

银期转账协议书

甲方（客户）：姓名　　　　　　　　身份证号码：

××银行人民币存折（卡）号：

期货保证金账号：

通信地址：　　　　　　　　　　　　邮政编码：

联系电话（固定电话）：　　　　　　（手机）：

E-mail：

乙方：　　　　期货经纪有限公司

电话号码：

地　　址：

邮政编码：

依照国家的有关法律、法规、规章制度以及各相关期货交易所的交易规则，甲乙双方就甲方利用其在××银行开立的个人银行结算账户和甲方在乙方开立的期货账户之间的资金实时划转业务达成如下协议（以下简称“银期转账”），供双方共同遵守：

一、甲方在乙方开立期货账户时应保证向乙方提供的证件和资料的内容均完整、真实、准确、合法和有效。

二、甲方使用××银行提供的银期转账业务前，必须到××银行指定的营业网点办理开户手续，并提交在××银行（含所辖网点）开立的银行结算账户（存折、卡）、有效身份证件原件及复印件、甲方在乙方的客户资金账号，且三者名称均需一致。

三、甲方在办理银期转账业务开户时需自行设置交易密码，以后通过乙方或××银行提供的委托渠道进行转账交易时须使用该密码。凡使用该密码进行的银期转账交易，均视作甲方亲自办理。甲方应妥善保管该密码，并经常更换，及时核对账户资金余额。乙方对因甲方密码失密造成的损失不承担责任。

四、甲方的转账金额必须在甲方的银行结算账户或期货保证金账户可用资金余额内进行，甲方保证转入期货账户的资金来源合法且用于期货交易。甲方当天由期货保证金账户转到银行结算账户的累计最大转账金额为____万元，单笔转账最高限额为____万元。若超过转账资金限额，甲方应到乙方处预约后方能办理。甲方期货账户内保底资金设置为____元，甲方欲提取保底资金，须与乙方办理交易账单确认手续后，方可提取，因转账金额超过转账限额而导致资金无法划转的，乙方不承担责任。

五、因以下情况没有正确执行甲方指令的，乙方不承担任何责任：

1. 乙方接收到的电子指令信息不正确、不完整或无法辨认；

2. 付款账户余额不足；

3. 付款账户内资金被依法冻结；

4. 付款账户已正常销户；

5. 甲方不按照乙方有关规定的操作手续和权限办理业务；

6. 不可抗力或其他非因乙方故意或重大过失的情况（包括但不限于因地震、台风、水灾、火灾、战争及其他不可抗力因素导致的甲方损失，以及因乙方系统故障、设备故障、通讯故障、停电等突发事故，给甲方造成的损失等）；

六、因技术故障而导致甲方期货保证金账户或银行结算账户的资金异常时，甲方应立即与乙方及为甲方办理银期转账业务的××银行联系。如果出现非正常多余资金，甲方不得支取或动用账户内非正常多出的部分资金。由此造成乙方损失的，甲方应及时偿付，否则乙方和××银行拥有对甲方期货账户的持仓合约、期货交易保证金账户的资金、银行结算账户资金的处置权。

七、甲方的银期转账委托记录以乙方和中国工商银行双方的电脑记录为准，甲方对此均予以认可。乙方将按照法律、法规规定的形式和期限保存委托记录和交易资料。

八、乙方对甲方的账户信息、委托事项、交易记录等资料负有保密责任，除法律、法规另有规定外，不得向第三人透露。

九、××银行的分支机构已与乙方签订《银期转账业务合作协议》，共同为甲方提供银期转账服务支持，甲方对该合作协议的内容及相关各方的权利、义务、责任均已知悉、理解并同意。甲方清楚地理解并同意：在本项业务中，乙方及××银行各自负有不同的职责。

十、当双方出现争议时，通过友好协商解决。协商不成的，双方一致同意按以下第__（2）__种方式解决：

（1）将争议提交______仲裁委员会并按其仲裁法则进行仲裁；

（2）将争议提交乙方所在地的人民法院进行诉讼。

十一、甲方撤销委托代理关系，或乙方、××银行通知甲方撤销委托关系后，本协议自动失效。

十二、双方确认并声明，乙方已就本协议的相关条款进行了充分的解释说明。双方理解并同意：今后所进行的一切银期转账委托及相关业务活动均受本协议之约束。

十三、本协议经甲方签字、乙方开户授权人签字并加盖××期货经纪有限公司公章后生效，协议双方各执一份，具有同等法律效力。

甲方：　　　　　　　　　　乙方：　期货经纪有限公司

（签字）：　　　　　　　　　　　　（盖章）

年　月　日　　　　　　　　　　　　年　月　日

任务描述 1－6

向客户解释出入金应注意事项，以及出入金操作方法。

解决方案

客户出入金手续由财务部负责办理。

一、客户入金

1. 客户保证金应以人民币资金缴纳。
2. 客户入金。客户入金可采用三种形式。
（1）银行转账：客户可直接到银行办理入金手续。
（2）网上银行划转：客户开通网上银行大额资金划转业务后，可自行划转。
银行存折：银行户名与客户的户名及开户留存银行账户应当一致。
（3）银期转账：客户通过交易系统自行划转。

二、客户出金

1. 填写出金单。

出金单包括以下内容：出金日期、客户名及账号、出金金额、资金调拨人签字。为保证您的资金安全，资金调拨须本人办理，办理时请写上身份证号码。

2. 客户出金金额以您账户内的可用金额为限。

三、办理银期转账业务的客户的出入金

1. 入金操作。

在自助委托系统内，点击“银行卡→保证金”，然后按照“转账金额”→“资金密码”→“银行密码”→“银行账号”→“发送”的顺序依次操作。

如果点击“查询银行余额”，输入银行存折密码，然后点击“发送”，便可以查到银行资金余额。

2. 出金操作。

在自助委托系统内，点击“保证金→银行卡”，然后按照“转账金额”→“资金密码”→“银行密码”→“银行账号”→“发送”的顺序依次操作。

课堂训练

一、案例讨论

2015年11月，Y投资管理公司与W期货经纪公司签订了《期货经纪合同书》。合同约定，Y委托W进行期货交易，授权自然人H为Y的指令下达人和资金调拨人，资金调拨权限限于Y的同名账户之间。合同生效后，Y依约在W开户并注入保证金，H依合同授权为Y下达指令和资金调拨。2016年8月，Y为确认H的地位及保护账户安全，又致函W，声明“兹授权资金调拨人H为我公司在贵公司的唯一代理人”。2016年9月，Y被告知保证金已全部亏损，且得知H已为Y公司办理了销户手续，并与W签订了《期货经纪合同终止协议》。但该终止协议中，只有代理人H的签字，并没有Y的公章。Y对此不予认可，认为H擅自销户及签订《期货经纪合同终止协议》超越了代理权，构成无权代理，该终止合同不生效。而W则认为，Y公司2016年8月出具的授权委托书表明，H有权代理Y公司办理销户手续，既然委托书未明示销户手续的权限问题，应作授权不明处理，即应由Y承担H的销户行为及其后果。由此引起双方讼争（注：本案例载自中国律师网）。

讨论本案的核心问题：H在期货交易中的地位如何认定，H根据委托书是否有销户的权限，销户协议是否符合法律最基本的形式要件。

二、角色扮演

学生四人一组，扮演客户和期货公司经纪人，以小组为单位设计场景，轮流解答客户问题。由学生评委根据场景设计的全面性、新颖性和回答问题的准确性进行评价，再由教师进行总结。问题涉及客户开户应该携带的证件，填写的表格，银期转账资金划拨，从事期货交易人员限制等问题。

课后训练

一、单项选择题

1. 关于涨跌停板制度，下列表述不正确的是（　　）。

A. 涨跌停板一般是以合约上一交易日的结算价为基准确定的

B. 一般只有百分比一种形式

C. 合约上一交易日的结算价加上允许的最大涨幅构成当日价格上涨的上限，称为涨停板

D. 合约上一交易日的结算价减去允许的最大跌幅则构成当日价格下跌的下限，称为跌停板

2. 国内期货交易所计算机交易系统运行时，先将买卖申报单以（　　）原则进行排序。

A. 时间优先，价格优先　　B. 价格优先，数量优先

C. 数量优先，时间优先　　D. 价格优先，时间优先

3. 客户如果对交易结算单记载事项有异议的，应当在（　　）向期货经纪公司提出书面异议。

A. 当天交易结束后　　B. 当天结算完毕后

C. 在下一个交易日开市前　　D. 在下一个交易日结束前

4. 大连大豆期货市场某一合约的卖出价为3100，买入价为3103，前一成交价为3101，那么该合约的撮合成交价应为（　　）。

A. 3100　　B. 3101　　C. 3102　　D. 2103

二、多项选择题

1. 客户进行期货交易，允许的下单方式主要有（　　）。

A. 书面下单

B. 电话下单

C. 网上下单

D. 中国证监会规定的其他方式向期货经纪公司下达交易指令

2. 超过持仓限额，交易所可以按照有关规定采取的措施包括（　　）。

A. 强行平仓　　B. 没收保证金

C. 取消会员资格　　D. 提高保证金的比例

三、判断题

1. 会员被通知追加保证金后，不能按时追加保证金的，交易所应对会员部分或全部持仓强行平仓，直至保证金余额能够维持其剩余头寸。（　　）

2. 期货转现货不如“平仓后购销现货”便捷。（　　）

3. 在期货市场中，商品期货通常都采用实物交割方式，金融期货则采用现金交割方式。（　　）

学习单元二　期货专业术语

知识链接

一、盘面语言

盘面语言：是通过数字信息传达的，与上一交易日在时间和空间上有一定联系的，描述市场两股力量进行较量的，在某一时间反映一切基本面和主力资金意图的行为。它包括：

1. 开盘价：它是多空双方在开盘前 5 分钟撮合而成的，它已经反映了主力的一部分意图，尤其是显现出在其他相关基本面的价格形态发生突变的情况下，开盘价更能反映出交战双方的态度、意图和力度，但会被在以后的交易时间里大的资金介入、人气趋势、方向走势所修正。

2. 收盘价：收盘价是对全天价格走势的一个总结，也是对当天多空较量胜负的评价，是当天最重要的价格，是多空双方认可的、暂停博弈的、相互妥协的价位，同时也是一个重要的阻挡支撑位。

3. 盘中最高价、最低价：这两个价格反映了多空在续盘阶段资金博弈较量的峰值和谷值。特点是在最高价或最低价附近经常伴随着较大的成交量，分时图中显现得更为明确。同时也明确了多空双方博弈的区间范围，也是重要的阻挡支撑位。

4. 成交量：当日成交量的大小反映了市场投资者在当日的价格区间中进行交易的偏强偏弱程度，它体现出投资者目前的心理状态，积极介入或出场观望或持币等待，更深一层地看，它反映出价格向某方向变动的能量在集聚或被释放，当成交有效放大时，或是行情的开始或是行情阶段性结束，当然，要联系持仓量、价格等因素综合判断。

5. 持仓量：持仓的变化在价格运行中占有重要地位，代表了主力资金的持仓意愿和意图，它分为主动增（减）仓和被动增（减）仓，通过持仓的变化可以估计到主力的持仓成本，为投资者在操作中提供一定的买卖依据，一般讲，如果当日某合约上出现持仓变化幅度超过 10% 时，可能会诱发行情原趋势的逆转。

6. 内盘、外盘：等同于股票软件中的内外盘。如：委托以卖方成交的纳入“外盘”，委托以买方成交的纳入“内盘”。“外盘”和“内盘”相加为成交量。分析时，由于卖方成交的委托纳入外盘，如外盘很大意味着多数卖的价位都有人来接，以卖出价格成交的数量，即买方主动以高于或等于当前卖一、卖二、卖三等价格下单买入期货时成交的数量，用红色显示。外盘的多少显示了多方急于买入的能量大小，显示买势强劲；而以买方成交的纳入内盘，即卖方主动以低于或等于当前买一、买二、买三等价格下单卖出期货时成交的数量，用绿色显示。如内盘过大，则意味着大多数的买入价都有人愿卖，显示卖方力量较大。如内盘和外盘大体相近，则买卖力量相当。

7. 总手：截止到现在的时间，此合约总计的成交量。总手 = 内盘 + 外盘。

8. 仓差：是持仓差的简称，指当日持仓量与前一日收盘价对应的持仓量的差。为正则是当日的持仓量增加，为负则是持仓量减少。持仓差就是持仓的增减变化情况。例如，今天11 月股指期货合约的持仓为 6 万手，而昨天的时候是 5 万手，那今天的持仓差就是 1 万手了。在成交栏里也有仓差变化，在这里是指当日这一笔成交单引发的持仓量变化与上一笔的即时持仓量的对比，是增仓还是减仓。

二、盘面成交性质

期货行情软件中，合约的成交性质分为双开、空换、多换、多平、空平、双平、空开、多开。

开仓：也叫建仓或“建立交易部位”，是指投资者新买入或新卖出一定数量的期货合约，分为“买入开仓”和“卖出开仓”。期货交易与股市一样，一方想买，必须对应着另一方想卖。

例 1：假设甲想买入 10 手 2012 年 6 月交割的大豆合约，正好乙想卖出 10 手大豆合约，那么两者正好成交，两人都同时开仓，分别叫“买入开仓”和“卖出开仓”。

多头、空头：投资者相信价格会涨，买入期货合约称“买空”或称“多头”，亦即多头交易，所持有的持仓叫多头持仓，简称多头；看跌价格并卖出期货合约称“卖空”或“空头”，亦即空头交易，所持有的持仓叫空头持仓，简称空头。

开仓时的多头、空头为新多头、新空头。即新买入或卖出合约，而不是对冲手里已有合约的多头和空头。如果是平仓时的多头、空头，则为老多头、老空头，表示手里已有合约。

例 2：甲在 2012 年 11 月 10 日开仓买进 1212 沪深 300 期货 10 手，假设同时乙开仓卖出 10 手，成交价为 3300 点，这时，甲就有了 10 手多头持仓，乙就有了 10 手空头持仓。如果到 11 月 14 日，甲看到期货价格上涨到 3350，是以 3350 点的价格卖出平仓 6 手，正好乙平仓买入 6 手，成交后，则甲的实际持仓就只有 4 手多头持仓了，乙也只有 4 手空头持仓了。

双开：多头和空头同时开仓，“买入开仓”的数量等于“卖出开仓”，持仓量增加。参考“例 1”，两者同时开仓，且买卖合约的品种相同、数量相等，则称为双开。这是两者同时新开仓（新多—新空），所以持仓量增加，交易软件显示为“红色”。

多开：多头买入开仓，也有空头卖出开仓（及部分老多头卖出平仓），“买入开仓”的数量大于“卖出开仓”。交易软件显示为“红色”。

例 3：如果甲想买 12 手（买入开仓），而乙还是卖 10 手（卖出开仓）。那么甲乙只能成交 10 手，再假设丙此时正好卖出 2 手平仓（注意是平仓），所以三方正好成交，交易是在同一时间完成，这次交易就称为多开。多开和双开的共同点是甲乙双方都开仓，持仓量都增加。不同点是多开中包含一部分用来平仓的单子，买入开仓的比卖出开仓的多，所以称为多开。

空开：空头卖出开仓，也有多头买入开仓（及部分老空头买入平仓），“卖出开仓”的数量大于"买入开仓"，所以称为空开。如果把"例3"中的买、卖反过来，即甲想卖12手，而乙买10手，丙买入2手平仓的这次交易就是空开。交易软件显示为"绿色"。

头寸：也叫持仓（量），是指期货交易者所持有的未平仓合约的数量。对买进者，称处于多头头寸；对卖出者，称处于空头头寸。

平仓：交易者对手中的合约进行反向交易的行为称"平仓"或"对冲"。为防止亏损过多而采取的平仓措施，也叫斩仓。

双平：原有多头卖出平仓，原有空头买入平仓，"卖出平仓"的数量等于"买入平仓"，持仓量减少。参考"例2"后面的6手买卖。交易软件显示为"绿色"。

多平：老多头卖出平仓，也有老空头买入平仓（及部分新多头买入开仓），"卖出平仓"的数量大于"买入平仓"，持仓量减少（但剩余部分多头尺寸卖给新多头），交易软件显示为"绿色"。

例4：如果甲（老多头）想卖出12手平仓，而乙（老空头）买10手平仓。那么甲乙只能成交10手，再假设丙此时正好买入2手开仓，三方正好成交，这次交易就称为多平。多平和双平开的共同点是甲乙双方都平仓，持仓量都减少。不同点是双平正好都冲销了（相当于结算完毕），多平中还包含一部分开仓的单子，但总体上老多头平仓的多，所以称为多平。

空平：老空头买入平仓，也有老多头卖出平仓（及部分新空头卖出开仓），"买入平仓"的数量大于"卖出平仓"，持仓量减少（但剩余部分空头尺寸卖给新空头），交易软件显示为"红色"。空平与多平正好相反，如果把"例4"中的买、卖反过来，即甲（这里变为老空头）想买12手平仓，而乙卖10手平仓，丙卖出2手开仓的这次交易就是空平。

【备注：需要提醒的是，投资者下达买卖指令时一定要注明是开仓还是平仓。例如甲在2012年4月19日买入10手IF1205开仓，如果同月22日下单报的是卖出6手IF1205平仓，成交后甲的实际持仓只剩下6手多头持仓；如果下单报的是卖出6手IF1205开仓，成交后甲的实际持仓就是10手多头持仓，另加上6手空头持仓了。】

多换：新多头买入开仓，老多头卖出平仓，且"买入开仓"的数量等于"卖出平仓"，持仓量不变，但是"老多"换"新多"，交易软件显示为"红色"。

空换：新空头卖出开仓，老空头买入平仓，且"卖出开仓"的数量等于"买入平仓"，持仓量不变，但是"老空"换"新空"。交易软件显示为"绿色"。

三、成交的实际情况分析

1. 开仓情况：

双开：新多头"买入开仓"=新空头"卖出开仓"；

多开：新多头"买入开仓"=新空头"卖出开仓"+老多头"卖出平仓"；

空开：新空头"卖出开仓"=新多头"买入开仓"+老空头"买入平仓"。

2. 平仓情况：

双平：老空头"买入平仓"=老多头"卖出平仓"；

多平：老多头"卖出平仓"=老空头"买入平仓"+新多头"买入开仓"；

空平：老空头"买入平仓"=老多头"卖出平仓"+新空头"卖出开仓"。

3. 换仓情况：

多换：新多头“买入开仓” = 老多头“卖出平仓”；

空换：新空头“卖出开仓” = 老空头“买入平仓”。

多开、空平表明看多的“主动性买盘”多，空开、多平则为看空的“主动性卖盘”多，开仓（双开、多开、空开）都是资金流入，平仓（双平、多平、空平）都是资金流出，换仓（多换、空换）则是资金不变，持仓不变，合约换手而已。

四、成交量、未平仓合约量与价格的关系

成交量和未平仓合约量的变化会对期货价格产生影响，期货价格变化也会引起成交量和未平仓量的变化。因此，分析三者的变化，有利于正确预测期货价格走势。

1. 成交量、未平仓合约量增加，价格上升，表示新买方正在大量收购，近期内价格还可能继续上涨。

2. 成交量、未平仓合约量减少，价格上升，表示卖空者大量补货平仓，价格短期内向上，但不久将可能回落。

3. 成交量增加，价格上升，但未平仓合约量减少，说明卖空者和买空者都在大量平仓，价格马上会下跌。

4. 成交量、未平仓量增加，价格下跌，表明卖空者大量出售合约，短期内价格还可能下跌，但如抛售过度，反可能使价格上升。

5. 成交量、未平仓量减少，价格下跌，表明大量买空者急于卖货平仓，短期内价格将继续下降。

6. 成交量增加、未平仓量和价格下跌，表明卖空者利用买空者卖货平仓导致价格下跌之际陆续补货平仓获利，价格可能转为回升。

从以上分析可见，在一般情况下，如果成交量、未平仓量与价格同向，其价格趋势可继续维持一段时间；如两者与价格反向，价格走势可能转向。当然，这还需结合不同的价格形态作进一步的具体分析。

课堂训练

1. 情境模拟

任务描述：客户经理小贾陪同客户张先生进入期货公司营业部，为张先生办理开户业务，开户后张先生想进行期货交易，但对其中行业术语不是很懂，想向客户经理进行咨询学习。

教师角色：引导学生完成工作任务。

学生角色：通过讨论，明确小组成员分工，讨论解决方案。

在明确任务的基础上，完成工作步骤，具备了柜台业务咨询能力。

2. 情境模拟

通过模拟期货公司典型工作任务，项目小组设计期货营销场景，开展角色扮演活动。

模拟场景：期货公司营业部。

学生角色：客户经理、柜员、客户。

工作任务：客户经理向客户介绍客户在进行期货交易时常见到的术语并进行解释，同时进行买卖操作指导。

学生分成项目小组，通过分配工作任务，扮演不同的角色，来掌握期货公司柜台业务。

学习单元三　期货结算

知识链接

一、结算的概念与制度

（一）结算的概念

结算是指根据交易结果和交易所有关规定对会员交易保证金、盈亏、手续费、交割货款和其他有关款项进行的计算、划拨。结算包括交易所对会员的结算和期货经纪公司会员对其客户的结算，其计算结果将被计入客户的保证金账户。

（二）结算制度

期货交易所的结算实行保证金制度、每日无负债制度和风险准备金制度等。与期货市场的层次结构相适应，期货交易的结算也是分级、分层的。交易所只对会员结算，非会员单位和个人通过期货经纪公司会员结算。

1. 交易所对会员的结算

（1）每一交易日结束后交易所对每一会员的盈亏、交易手续费、交易保证金等款项进行结算。其核算结果是会员核对当日有关交易并对客户结算的依据，会员可通过会员服务系统于每交易日规定时间内获得《会员当日平仓盈亏表》《会员当日成交合约表》《会员当日持仓表》和《会员资金结算表》。

（2）会员每天应及时获取交易所提供的结算结果，做好核对工作，并将之妥善保存。

（3）会员如对结算结果有异议，应在第二天开市前三十分钟以书面形式通知交易所。如在规定时间内会员没有对结算数据提出异议，则视作会员已认可结算数据的准确性。

（4）交易所在交易结算完成后，将会员资金的划转数据传递给有关结算银行。

2. 期货经纪公司对客户的结算

（1）期货经纪公司对客户的结算与交易所的方法一样，即每一交易日交易结束后对每一客户的盈亏、交易手续费、交易保证金等款项进行结算。交易手续费一般不低于期货合约规定的交易手续费标准的3倍，交易保证金一般高于交易所收取的交易保证金比例至少3个百分点。

（2）期货经纪公司在闭市后向客户发出交易结算单。

（3）当每日结算后客户保证金低于期货交易所规定的交易保证金水平时，期货经纪公司按照期货经纪合同约定的方式通知客户追加保证金，客户不能按时追加保证金的，期货经纪公司应当将该客户部分或全部持仓强行平仓，直至保证金余额能够维持其剩余头寸。

二、结算公式与应用

（一）结算的基准

交易所对会员存入交易所专用结算账户的保证金实行分账管理，为每一会员设立明细账户，按日序时登记核算每一会员出入金、盈亏、交易保证金、手续费等。

交易所实行保证金制度，保证金分为结算准备金和交易保证金。结算准备金设最低余额，每日交易开始前，会员结算准备金余额不得低于此额度，若结算准备金余额大于零而低于结算准备金最低余额，不得开新仓；若结算准备金余额小于零，则交易所将按有关规定对其强行平仓。

交易保证金是指会员在交易所专用结算账户中确保合约履行的资金，是已被合约占用的保证金。当买卖双方成交后，交易所按持仓合约价值的一定比率向双方收取交易保证金。

交易所实行每日无负债结算制度。该制度是指每日交易结束后，交易所按当日结算价结算所有合约的盈亏、交易保证金及手续费、税金等费用，对应收应付的款项实行净额一次划转，相应增加或减少会员的结算准备金。

（二）结算公式

未平仓期货合约均以当日结算价作为计算当日盈亏的依据。

1. 当日盈亏可以分项计算

分项结算公式为：当日盈亏 = 平仓盈亏 + 持仓盈亏。

（1）平仓盈亏 = 平历史仓盈亏 + 平当日仓盈亏

平历史仓盈亏 = ∑［（卖出平仓价 − 上一交易日结算价）× 卖出量］+ ∑［（上一交易日结算价 − 买入平仓价）× 买入平仓量］

平当日仓盈亏 = ∑［（当日卖出平仓价 − 当日买入开仓价）× 卖出平仓量］+ ∑［（当日卖出开仓价 − 当日买入平仓价）× 买入平仓量］

（2）持仓盈亏 = 历史持仓盈亏 + 当日开仓持仓盈亏

对于买入开仓的客户，历史持仓盈亏 =（当日结算价 − 上一日结算价）× 持仓量；

对于卖出开仓的客户，历史持仓盈亏 =（上一日结算价 − 当日结算价）× 持仓量；

当日开仓持仓盈亏 = ∑［（卖出开仓价 − 当日结算价）× 卖出开仓量］+ ∑［（当日结算价 − 买入开仓价）× 买入开仓量］

（3）当日盈亏可以综合成为总公式

当日盈亏 = ∑［（卖出成交价 − 当日结算价）× 卖出量］+ ∑［（当日结算价 − 买入成交价）× 买入量］+（上一交易日结算价 − 当日结算价）×（上一交易日卖出持仓量 − 上一交易日买入持仓量）

2. 保证金余额的计算

当日结算准备金余额 = 上一交易日结算准备金余额 + 上一交易日交易保证金 − 当日交易保证金 + 当日盈亏 + 入金 − 出金 − 手续费等

3. 当日交易保证金计算公式

当日交易保证金 = ∑［当日结算价 × 当日交易结束后的持仓总量 × 交易保证金比例］

三、期货结算单解读

（一）结算单的构成

主要包括资金状况、出入金记录、成交记录、平仓明细、持仓明细、客户签署、追加保证金或强制平仓通知书七个部分。如图 2－2。

海富期货经纪有限公司　　制表时间：xxx xxx

交易结算单(盯市)

客户号：xxx xxx 客户名：xxx

日　期：xxx xxx

资金状况

上日结存：	1256624.21	浮动盈亏：	0.00	风险度：	10%
当日存取：	0.00	客户权益：	1278784.01	追加保证金：	0.00
当日盈亏：	22980.00	保证金占用：	125384.00		
当日手续费：	820.20	质押金：	0.00		
当日结存：	1278784.01	可用资金：	1153400.01		

成交记录

交易日	合约	买卖	投保	成交价	手数	成交额	开平	手续费	平仓盈亏
20060818	[A]cu0610	买	投	66700.00	4	1334000.00	平	400.20	25800.00
20060818	[B]m0701	买	投	2240.00	20	448000.00	平	120.00	-1000.00
20060818	[B]m0701	卖	投	2259.00	10	225900.00	开	60.00	0.00
20060818	[C]SR705	买	投	3516.00	15	527400.00	平	90.00	3450.00
20060818	[C]SR705	卖	投	3565.00	2	71300.00	开	12.00	0.00
20060818	[C]SR705	卖	投	3566.00	8	285280.00	开	48.00	0.00
20060818	[C]SR705	卖	投	3534.00	10	353400.00	开	60.00	0.00
20060818	[C]SR705	卖	投	3583.00	5	179150.00	开	30.00	0.00

合计　成交量：74 成交额：3424430.0 手续费：820.20 平仓盈亏：28250.00

持仓汇总

合约	买持	买均价	卖持	卖均价	昨结算	今结算	盯市盈亏	保证金占用	投保
[B]m0701	0	0.00	10	2259.00	2235.00	2263.00	-400.00	18104.00	投
[C]SR705	0	0.00	25	3556.52	3539.00	3576.00	-4870.00	107280.00	投

合计　买持：0 卖持：35 盯市盈亏：-5270.00 持仓保证金：125384.00

对结算单如有疑问，请于下一交易日上午11：00以前到结算部查询，过时责任自负！！！

客户（执行人）签字：

图 2－2　期货结算单样本

其中资金状况与客户签署是必须部分，其他记录视客户交易实况而有变化，无出入金、成交、平仓、持仓、追加或强平通知时则无记录。

（二）结算单的分项解析

1. 资金状况

（1）上日结存：上一交易日的客户权益

（2）当日存取：当日出入金数量

（3）当日盈亏：平仓盈亏＋持仓盈亏

（4）当日手续费：当日期货交易缴纳的手续费合计

（5）当日结存＝上日结存＋当日存取合计＋当日盈亏－当日手续费

（6）浮动盈亏：盯市结算单不记录该数据项

（7）客户权益＝当日结存

（8）保证金占用＝今结价×持仓手数×合约单位×保证金比例

（9）可用资金＝客户权益－保证金占用

（10）质押金：客户以标准仓单等作抵押折算成交易保证金时的金额数

（11）风险度＝保证金占用/客户权益

（当风险度大于 100% 时，则须追加保证金；当风险度大于 120% 时则将会收到强制平仓通知。）

（12）追加保证金：当保证金不足时须追加的金额，追加至可用资金为 0 以上

2. 成交记录

（1）交易日：记录交易日期

（2）合约：所成交的合约代码

（3）买卖：指交易方向

（4）投保：投机盘与套期保值头寸，通常客户参与的是投机交易，但是作为套期保值头寸就要注明是保值

（5）成交价：成交的价格

（6）手数：成交的手数

（7）成交额 = 成交价 × 手数 × 交易单位

（8）开平：开仓、平仓，当日平仓称为平今仓

（9）手续费：按期货代理合同的约定收取

（10）平仓盈亏：平当日仓盈亏 = 当日开仓价与平仓价之差 × 手数 × 交易单位

平历史仓盈亏 = 平仓价与昨日结算价之差 × 手数 × 交易单位

3. 持仓汇总

（1）合约：所成交的合约代码

（2）买持：买单持仓量

（3）买均价：买入均价

（4）卖持：卖出持仓量

（5）卖均价：卖出均价

（6）昨结算：昨日交易结算价

（7）今结算：当日交易结算价

（8）盯市盈亏：是将当日新增持仓头寸的盈亏以结算价与当日成交价对比结算，隔日持仓以当日结算价与上一交易日结算价对比结算得到的，这种结算方法又叫作逐日盯市，资金权益以盯市盈亏计算而非浮动盈亏计算的。

当日新增持仓 = 开仓价与今结算之差 × 手数 × 交易单位

隔日持仓 = 今结算与昨结算之差 × 手数 × 交易单位

（9）投保：投机或保值

4. 追加保证金通知书

当风险度 > 100% 时在结算单上会自动附有《追加保证金通知书》。

5. 强行平仓通知书

当风险度 > 120% 时，在结算单上会自动附有《强行平仓通知书》。

6. 异议处理

如对当日结算单内容有异议必须在下一交易日开市前提出，未提出异议的示为对结算单确认。

7. 结算单查收确认方式

期货客户可以在期货网上交易查询系统或登录到中国期货保证金监控中心 www. cfmmc. com 查询。

任务描述 3 - 1

某新客户存入保证金 10 万元，在 4 月 1 日买开仓大豆期货合约 40 手（每手 10 吨），成

交价 2000 元/吨，同天该客户卖出平仓 20 手大豆合约，成交价为 2030 元/吨，当日结算价为 2040 元/吨，交易保证金为 5%，则该客户的当日盈亏为（不含手续费、税金等费用）多少元？4 月 2 日该客户再买入 8 手大豆合约，成交价为 2030 元/吨，当日结算价为 2060 吨，其账户情况怎样？

解决方案

4 月 1 日

平仓盈余(2030 − 2000) × 20 × 10 = 6000（元）

持仓盈余(2040 − 2000) × (40 − 20) × 10 = 8000（元）

当日盈余 = 6000 + 8000 = 14000（元）

当日结算准备金余额 = 100000 − 2040 × 20 × 10 × 5% + 14000 = 93600（元）

4 月 2 日

当日开仓持仓盈余 = (2060 − 2030) × 8 × 10 = 2400（元）

历史持仓盈余 = (2060 − 2040) × (40 − 20) × 10 = 4000（元）

当日盈亏 = 2400 + 4000 = 6400（元）

当日结算准备金余额 = 93600 + 2040 × 20 × 10 × 5% − 2060 × (20 + 8) × 10 × 5% + 6400 = 91560（元）

任务描述 3 − 2

王某存入保证金 10 万元，在 5 月 1 日买入小麦期货合约 40 手（每手 10 吨），成交价为 2000 元/吨，同一天卖出平仓 20 手，成交价为 2050 元/吨，当日结算价为 2040 元/吨，交易保证金为 5%，则王某的当日盈亏（不含手续费、税金等费用）为多少？结算准备金余额情况？

5 月 2 日王某再买入 7 手小麦合约，成交价为 2040 元/吨，当日结算价为 2060 元/吨，则王某的当日盈亏（不含手续费、税金等费用）为多少？结算准备金余额为多少？

5 月 3 日，王某又将 27 手小麦合约平仓，成交价为 2090 元/吨，当日结算价为 2050 元/吨，则王某的当日盈亏（不含手续费、税金等费用）为多少？结算准备金余额情况？

解决方案

5 月 1 日

平仓盈余 = (2050 − 2000) × 20 × 10 = 10000（元）

持仓盈余 = (2040 − 2000) × (40 − 20) × 10 = 8000（元）

当日盈亏 = 10000 + 8000 = 18000（元）

当日结算准备金余额 = 100000 − 2040 × (40 − 20) × 10 × 5% + 18000 = 97600（元）

5 月 2 日

当日开仓持仓盈余 = (2060 − 2040) × 7 × 10 = 1400（元）

历史持仓盈余 = (2060 − 2040) × 20 × 10 = 4000（元）

当日盈余 = 1400 + 4000 = 5400（元）

当日结算准备金余额 = 97600 + 2040 × 20 × 10 × 5% − 2060 × 27 × 10 × 5% + 5400 = 95590（元）

5月3日

平仓盈余 =（2090 − 2060）×27×10 = 8100（元）

当日结算准备金余额 = 95590 + 2600×27×10×5% + 8100 = 131500（元）

课堂训练

题目：

老李在万达期货公司新开户，存入准备金100万元人民币。5月11日买入开仓天然橡胶RU1509合约5手，成交价为14800元/吨，同天卖出平仓RU1509合约2手，成交价为14850元/吨，当日结算价为14900元/吨。卖出开仓玉米C1509合约10手，成交价为1675元/吨，当日结算价为1685元/吨。当日天然橡胶、玉米交易保证金比例分别为8%、10%，老李与万达期货签订的天然橡胶交易手续费为成交金额的万分之二，玉米为5元/手。问老李5月11日的当日盈亏、结算准备金余额？

5月12日，客户老李卖出玉米C1509合约5手，成交价为1680元/吨，当日结算价为1670元/吨。当日天然橡胶RU1509合约结算价为14940元/吨。保证金比例及手续费不变。问老李5月12日的当日盈亏、结算准备金余额？

5月13日，老李卖出平仓天然橡胶RU1509合约3手，成交价为14880元/吨，当日结算价为14870元/吨。买入平仓玉米C1509合约15手，成交价为1672元/吨，当日结算价为1670元/吨。保证金比例及手续费不变。问老李5月13日的当日盈亏、结算准备金余额？

（注：每手天然橡胶合约为10吨，每手玉米合约为10吨）

学习情境三　期货品种分析

学习目标

- 掌握国内代表性期货合约交易品种
- 对代表性合约进行基本面和技术分析，进行套利、投机、套期保值交易操作
- 沪深300指数期货模拟操作和实战演练分析

本学习情境包含两个学习单元：商品期货分析，金融期货分析。

学习单元一　商品期货分析

知识链接

一、国内商品期货品种分析

在期货市场中，投资者在进行期货交易之前，首先需要选择将交易的投资品种，一般情况下，具有良好流动性、成交量大的品种在市场中较为受欢迎。原因有以下几个方面：一是具有良好流动性的品种在交易中成交十分便捷，且价格对市场信息的反应较为灵敏；二是通常流动性好的品种波动性也较强，价格波动剧烈增加了投资者的操作空间。当然，在广大投资者中也存在部分套期保值者，他们对品种的选择受限于各自从事的行业。

当前上海、郑州、大连三大商品交易所共上市品种覆盖基本金属、贵金属、能源化工以及农产品等四个板块。

期货品种活跃指数排序从强到弱依次为铜、天胶、棉花、锌、白糖、豆油、螺纹钢、豆粕、塑料、PTA、棕榈油、铝、豆一、菜籽油、玉米、PVC、燃料油、早灿稻、强麦、黄金等等。

其中，大豆、玉米、菜籽油、强麦以及早籼稻等5大品种属于农产品，且基本属于国家战略物资，尤其是作为主粮的小麦、水稻以及玉米三大谷物，皆属于国家高度控制的品种。而对于大豆和菜籽油国家也储备有相当高的库存量，因此，此类品种的价格波动较为受限，吸引资金的能力相对较小，流动性较差。

期货品种波动率排序从强到弱依次为天胶、锌、铜、塑料、棉花、PTA、白糖、棕榈

油、PVC、螺纹钢、豆油、燃料油、豆粕、菜籽油、铝、黄金、豆一、早稻、玉米、强麦。

中国期货市场起步较晚，但至今也有20余年的历史。部分大宗商品在国内期货市场形成之初就已经上市交易，如铜、大豆等，因此具有广泛的投资群体基础。无论在品种认知度、投资者熟悉程度、相关数据可获得性还是在相关产业链客户的参与程度等方面，均具有非常强大的优势。但正由于存在时间久远，市场参与群体众多，出现大幅上涨或下跌行情的机会在逐渐减小。原因是多方面的，首先，成熟市场中商品定价机制已经趋于合理，长时间形成的成熟定价机制在一定程度上对价格有稳定作用，即使出现极端情况，短时间波动后价格也会回归正常水平；其次，在交易量十分庞大的此类市场中，即使重大影响题材也较难对价格产生立竿见影的冲击，价格运行趋势将在长时间的市场反复验证后缓慢形成；最后，成熟品种的市场客户群体庞大，其中参与套期保值的客户数量也十分可观，一方面操作频率较低也会影响某一品种的投资价值；另一方面，市场信息流传广泛，品种价格较为公开透明。

农产品中，目前棉花对外依存度超过30%，而棕榈油则几乎全部从马来西亚进口；我国也是原油的净进口国，对外依存度超过50%。作为化工品的上游原料，国际原油价格对国内化工品的价格走势的影响巨大，因此进口因素也是导致国内化工品活跃度较高的一大因素，尤其对于LLDPE和PTA这两个品种来说，不仅原油需要进口，LLDPE本身也需要大量进口，而PTA的直接上游产品PX也是我国大量进口的品种；金属方面，我国是全球第一大粗钢生产国，但上游原料铁矿石却需要大量进口，目前我国铁矿石对外依存度仍高达52%，而国际铁矿石供应也较为集中，巴西、澳大利亚和印度占据了全球铁矿石出口的70%，从这方面来说，钢材价格在很大程度上受到国际市场铁矿石价格的影响。

普通投资者在选择品种时，首先可以考虑对品种的期货市场活跃度以及近一两年内的波动率情况进行分析，在得出初步结论之后，再结合所熟悉或所关注的某个板块或领域进行深入研究，最终选定最多两到三个品种根据自身资金能力进行适当交易。

二、期货交易品种的选择

（一）看风险承受能力

如果风险承受能力较低，建议只交易豆、豆粕、玉米、强麦、籼稻这些品种；

如果风险承受能力中等，建议在以上基础上，增加白糖、塑料、PTA、豆油、棕榈油、菜籽油、螺纹钢；

如果风险承受能力较高，那么包括铜、锌、橡胶、棉花这些大品种在内，都可以交易了。

（二）看资金量

2万元以下，交易品种：螺纹钢、豆、豆粕、玉米、强麦、籼稻；

5万元以下，交易品种：白糖、塑料、PTA、豆油、棕榈油、菜籽油、螺纹钢、豆、豆粕、玉米、强麦、籼稻；

5万～10万元，交易品种：锌、白糖、塑料、PTA、豆油、棕榈油、菜籽油、螺纹钢、豆、豆粕、玉米、强麦、籼稻；

10万元以上，交易品种：铜、橡胶、棉花、锌、白糖、塑料、PTA、豆油、棕榈油、菜籽油、螺纹钢、豆、豆粕、玉米、强麦、籼稻。

（三）期货品种波动幅度选择

喜好玩大波动的人，交易品种：铜、橡胶、棉花、锌、白糖、PTA；

喜好小波动、控制风险的人，交易品种：螺纹钢、豆、豆粕、玉米、强麦、籼稻。

（四）与外盘相关性的期货品种选择

与伦敦金属市场 LME 高度相关：铜、锌；

与美国芝加哥市场 CBOT 高度相关：豆、豆粕、豆油；

独立性很强的品种：白糖、螺纹、玉米、强麦、籼稻。

（五）固定好期货交易品种

固定交易某个期货品种对自己对某个品种习性的掌握有很大帮助，一旦确定，就不要轻易更换。每个品种里面，都有固定的交易老手，所以在没有熟悉这个品种之前，都不要贸然换品种交易。

三、铜

（一）铜的自然属性及应用

铜是人类最早发现的古老金属之一，早在三千多年前人类就开始使用铜。

金属铜，元素符号 Cu，原子量 63.54，比重 8.92，熔点 1083℃。纯铜呈浅玫瑰色或淡红色，表面形成氧化铜膜后，外观呈紫铜色。铜具有许多可贵的物理化学特性。

热导率和电导率都很高，仅次于银，大大高于其他金属。该特性使铜成为电子电气工业中举足轻重的材料。化学稳定性强，具有耐腐蚀性。可用于制造接触腐蚀性介质的各种容器，因此广泛应用于能源及石化工业、轻工业中。抗张强度大，易熔接，可塑性、延展性好。纯铜可拉成很细的铜丝，制成很薄的铜箔，还能与锌、锡、铅、锰、钴、镍、铝、铁等金属形成合金，用于机械冶金工业中的各种传动件和固定件。结构上刚柔并济，且具多彩的外观。用于建筑和装饰。

（二）影响铜价变动的因素

1. 供需关系

根据微观经济学原理，当某一商品出现供大于求时，其价格下跌，反之则上扬。同时价格反过来又会影响供求，即当价格上涨时，供应会增加而需求减少，反之，就会出现需求上升而供给减少。这一基本原理充分反映了价格和供需之间的内在关系。

通常情况下，开展铜期货交易的期货交易所库存变化是观察铜供需关系变化的重要参考指标。目前，其库存变化对市场较有影响力的期货交易交易所主要有：上海期货交易所（SHFE）、伦敦金属交易所（LME）和纽约商品交易所（COMEX）。

2. 宏观经济

铜是重要的工业基础原材料，其需求变化与经济增长密切相关。经济增长时，铜需求增加，从而带动铜价上升，经济萧条时，铜需求萎缩，从而促使铜价下跌。

通常情况下，市场会将经济增长率和工业生产增长率（增加值）及相关货币和产业政策作为宏观经济形势变化的重要分析依据。

3. 汇率波动

铜是一种流动性极强的商品，而在国际贸易中，通常情况下，以美元计价，非美元国家的本币对美元汇率的变化将直接影响到铜贸易的成本与利润，并进而因贸易活动的变化而导致供需关系的改变，致使铜价因此出现波动。

4. 进、出口关税

进出口政策，尤其是关税政策是通过调整商品的进出口成本从而控制商品的进出口量来平衡国内供求状况的重要手段。

根据海关总署《2012 年关税实施方案》，高纯阴极铜进口执行零关税优惠税率，高纯阴极铜出口名义税率为 10%。2013 年关税实施方案中自 2013 年 1 月 1 日起，增列 99.9999% 高纯铜税目，取消原定 5% 的出口暂定税率。

（三）铜的交易

铜的期货交易是指投资者在期货交易所内集中买卖某一铜的期货合约的交易活动。期货合约的交易价格是指该期货合约的交割标准品在基准交割仓库交货的含增值税价格。

交易所按买入和卖出的持仓量分别收取交易保证金，铜的交易保证金最低收取标准在期货合约中规定，不同阶段交易保证金的收取标准按《上海期货交易所风险控制管理办法》的规定执行。

（四）铜的结算

结算是指根据交易结果和交易所有关规定对会员交易保证金、盈亏、手续费、交割货款及其他有关款项进行计算、划拨的业务活动。交易所的结算实行保证金制度、每日无负债结算制度和风险准备金制度等。交易所只对会员进行结算，期货公司会员对客户进行结算。

1. 日常结算

会员在交易所结算银行开设专用资金账户，用于存放保证金及相关款项。交易所对会员存入交易所专用资金账户的保证金实行分账管理。交易所实行每日无负债结算制度，即每日交易结束后，交易所按当日结算价结算所有合约的盈亏、交易保证金及手续费、税金等费用，对应收应付的款项实行净额一次划转，相应增加或减少会员的结算准备金。

追加保证金：每日收盘结束，若结算后的结算准备金小于最低余额的，会员必须于下一交易日 8:30 之前将资金追加到位。未及时追加到位的，若结算准备金余额大于零而低于结算准备金最低余额，则禁止新开仓；若结算准备金余额小于零，则交易所将按有关规定执行“强行平仓”。

2. 交易保证金

交易保证金是指会员在交易所专用结算账户中确保合约履行的资金，是已被占用的保证金。

交易所根据某一期货合约上市运行的不同阶段和持仓的不同数量制定不同的交易保证金收取标准。

（1）交易过程中，当某一期货合约持仓量达到某一级持仓总量时，交易所暂不调整交易保证金收取标准。当日结算时，若某一期货合约持仓量达到某一级持仓总量，则交易所对该合约全部持仓收取与持仓总量相对应的交易保证金。保证金不足的，应当在下一交易日开市前追加到位。

交易所根据铜期货合约持仓大小调整交易保证金比例的标准如表 3 - 1 所示。

表 3－1

从进入交割月前第三月的第一个交易日起，当持铜交易保证金比例	仓总量（X）达到下列标准时
X≤24 万元	5%
24 万元＜X≤28 万元	6.5%
28 万元＜X≤32 万元	8%
X＞32 万元	10%

（2）交易所根据期货合约上市运行的不同阶段（临近交割期）调整交易保证金的方法。铜期货合约上市运行不同阶段的交易保证金收取标准如表 3－2 所示。

表 3－2

交易时间段	铜交易保证金比例
合约挂牌之日起	5%
交割月前第一月的第一个交易日起	10%
交割月份的第一个交易日起	15%
最后交易日前二个交易日起	20%

（3）当某一铜期货合约价格收盘时出现涨跌停板（收盘前 5 分钟内单边无连续报价）时，当日结算时，该合约的交易保证金也要相应调整。具体规定如下：

当某一铜期货合约在某一交易日（该交易日称为 D1 交易日，以下几个交易日分别称为 D2、D3、D4、D5、D6 交易日，D0 交易日为 D1 交易日前一交易日）出现单边市，则该合约 D2 交易日涨跌停板幅度调整为在 D1 交易日涨跌停板幅度的基础上增加 3 个百分点。D1 交易日结算时，该期货合约交易保证金比例调整为在 D2 交易日涨跌停板幅度的基础上增加 2 个百分点。如果该期货合约调整后的交易保证金比例低于 D0 交易日结算时的交易保证金比例，则按 D0 交易日结算时该期货合约交易保证金比例收取。

若该合约在 D2 交易日未出现单边市，则 D3 交易日涨跌停板、交易保证金比例恢复到正常水平。

若该合约在 D2 交易日出现反方向单边市，则视作新一轮单边市开始，该日即视为 D1 交易日，下一日交易保证金和涨跌停板参照 D1 单边市相关规定执行。

若该合约在 D2 交易日出现同方向单边市，则该期货合约 D3 交易日涨跌停板幅度调整为在 D1 交易日涨跌停板幅度的基础上增加 5 个百分点。D2 交易日结算时，该期货合约交易保证金比例则调整为在 D3 交易日涨跌停板幅度上增加 2 个百分点。如果该期货合约调整后的交易保证金比例低于 D0 交易日结算时的交易保证金比例，则按 D0 交易日结算时该期货合约的交易保证金比例收取。

若该合约在 D3 交易日未出现单边市，则 D4 交易日涨跌停板、交易保证金比例恢复到正常水平。

若该合约在 D3 交易日期货合约出现同方向单边市（即连续三天达到涨跌停板），则当日收盘结算时，该期货合约的交易保证金仍按照 D2 交易日结算时的交易保证金比例收取，并且交易所可以对部分或全部会员暂停出金。当 D3 交易日期货合约出现同方向单边市（即连续三天达到涨跌停板）时，若 D3 交易日是该合约的最后交易日，则该合约直接进入交割；若 D4 交易日是该合约的最后交易日，则 D4 交易日该合约按 D3 交易日的涨跌停板和保证金水平继续交易；除上述两种情况之外，D4 交易日该期货合约暂停交易一天。交易所在 D4 交易日根据市场情况决定对该期货合约实施不同措施。

期货交易所向会员、期货公司向客户收取的保证金不得低于期货交易所规定的标准。

任务描述 1－1

以小组为单位，上网查询资料，说明影响白糖期货价格变动的因素。

解决方案

一、白糖现货市场供求关系

一般来说，对于供给而言，商品供给的增加会引起价格的下降，供给的减少会引起价格的上扬；对于需求而言，商品需求的增加将导致价格的上涨，需求的减少导致价格的下跌。白糖的供求也遵循同样的规律。

（一）白糖的供给

世界食糖产量为 1.21 亿～1.40 亿吨，产量超过 1000 万吨的国家和地区包括巴西、印度、欧盟、中国等，其中巴西产量超过 2000 万吨。巴西、欧盟、泰国是世界食糖主要出口国家，其产量和供应量对国家市场的影响较大。特别是巴西，作为世界食糖市场最具影响力和竞争力的产糖国，其每年的糖产量、货币汇率及其政府的糖业政策直接影响到国际食糖市场价格的变化走向。

中国是世界上重要的产糖国之一，近年来食糖产量维持在 1000 万吨左右。

（二）白糖的需求

世界食糖消费量约 1.24 亿吨，消费量较大的国家和地区包括印度、欧盟、中国、巴西等。从近几年消费情况来看，印度食糖年消费量维持在 1900 万吨左右，欧盟消费量维持在 1500 万吨左右，中国消费量增长至 1100 万吨左右，巴西年消费量为 950 万吨左右。

（三）白糖进出口

食糖进出口对市场的影响很大。食糖进口会增加国内供给数量，食糖出口会导致需求总量增加。对食糖市场而言，要重点关注世界主要出口国和主要进口国有关情况。世界食糖贸易量每年约为 3700 万吨，以原糖为主。主要出口国为巴西、欧盟、泰国、澳大利亚、古巴等。主要进口国为俄罗斯、美国、印尼、欧盟、日本等。主要进口国的消费量和进口量相对比较稳定，而主要出口国的生产量和出口量变化较大，出口国出口量的变化对世界食糖市场的影响比进口国进口量的变化对世界食糖市场的影响大。

我国食糖处于供求基本平衡的状态，略有缺口，进口食糖以原糖为主。

（四）白糖库存

在一定时期内，一种商品库存水平的高低直接反映了该商品供需情况的变化，是商品供求格局的内在反映。因此，了解食糖库存变化有助于了解食糖价格的运行趋势。一般地，在库存水平提高的时候，供给宽松；在库存水平降低的时候，供给紧张。结转库存水平和白糖价格常常呈现负相关关系。

就我国来讲，国家收储以及工业临时收储加上糖商的周转库存在全国范围内形成一个能影响市场糖价的库存。在糖价过高（过低）时，国家通过抛售（收储）国储糖来调节市场糖价。预估当年及下一年的库存和国家对食糖的收储与抛售对于正确估测食糖价格具有重要意义。

二、气候与天气

食糖作为农副产品，无论现货价格还是期货价格都会受到气候与天气因素的影响。甘蔗在生长期具有喜高温、光照强、需水量大、吸肥多等特点，因此，对构成气候资源的热、光、水等条件有着特殊的依赖性。干旱、洪涝、大风、冰雹、低温霜冻等天气对生长期中甘蔗具有灾害性的影响，而且这种影响一旦形成便是长期的。

三、季节性

食糖是季产年销的大宗商品，在销售上就有其固有的、内在的规律。在我国，每年的10月至次年的4月为甘蔗集中压榨时间，由于白糖集中上市，造成短期内白糖供给十分充足；随着时间的推移和持续不断的消费，白糖库存量也越来越少。而价格也往往随之变化，具有季节性特征。

四、政策因素

国际食糖组织的有关政策、欧盟国家对食糖生产者的补贴，美国政府的生产支持政策等，对全世界食糖供给量均有重要影响。各国食糖进出口政策和关税政策也是不容忽视的因素。如美国实行食糖的配额制度管理，按照配额从指定国家进口食糖，进口价格一般高于国际市场价格。美国不出口原糖，但却大量出口由原糖精炼而成的食用糖浆。因此，产糖国若向美国出口，必须首先获得美国的进口配额。巴西、古巴、独联体用控制种植面积的方法，有计划地控制产糖量。印度、菲律宾、泰国政府则依据国内市场情况控制出口数量，随时调整有关政策。由于政府的干预，使得国内和国际糖价既有一定的联动性，又经常背离。

我国已经全面放开了食糖市场，但食糖一直是国家宏观管理的重要商品之一。国家采取以下措施进行宏观调控：一是产区政府实行甘蔗收购价与食糖销售价挂钩；二是建立中央和地方两级食糖储备；三是出台食糖指导价和自律价；四是食糖进口由国家发改委统筹安排。目前与糖业管理有关的主要政府部门及组织有：国家发改委、商务部、农业部及中国糖业协会。

五、替代品

甜味剂是食糖的主要替代品，它的使用减少了食糖的正常市场份额，对糖的供给价格有一定的影响。

六、节假日

在一年中，春节和中秋节是我国白砂糖消耗最大的节假日。两个节假日前一月由于食品行业的大量用糖，使糖的消费进入高峰期，这个时期的糖价往往比较高。两个节日之后的一段时期，由于白砂糖消费量的降低，糖价往往回落。八九月份是用糖高峰期，月饼、北方的蜜饯、饮料、饼干都很需要糖，会拉动刺激食糖消费。

七、国际期货市场的联动性

随着国际一体化进程的发展，世界上主要食糖期货市场价格的相互影响也日益增强。中国是世界上主要的食糖生产、消费和进口国之一，国内食糖现货价格同国际食糖价格相关性很强，国内食糖期货价格同国际食糖价格在变动趋势上具有一定的趋同性。

八、国际、国内政治经济形势

世界经济景气与否是决定商品期货价格的重要因素之一。当经济景气时，生产扩张，贸易活跃，从而引起商品需求的增加，推动期货价格的上涨。反之亦然。

国内经济形势的变化，特别是国民经济主要景气指标的变化，将直接影响农产品期货价格的变化。当国内消费指数偏高时，投资者要考虑未来走势；当国家宏观经济宽松时，社会发展稳定，资金供应量较为宽松，不仅经济发展速度加快，而且投入期货市场的资金也增多，反之亦然。

九、经济周期

经济周期是市场经济的基本特征，一般由复苏、繁荣、衰退和萧条四个阶段组成。在经济周期中，经济活动的波动发生在几乎所有的经济部门。受此影响，白糖的价格也会出现相应的波动。从宏观进行分析，经济周期是非常重要的影响因素之一。

十、其他因素

一些突发事件如禽流感、非典等对市场的价格会产生一定的影响；利率变化、汇率变化、通货膨胀率、消费习惯、运输成本与难易等因素的变化也会对白糖价格产生一定的影响；市场投机力量的变化及心理因素也常常会影响白糖价格的走势。

学习单元二　金融期货分析

知识链接

一、金融期货与股票现货、商品期货的区别

（一）股指期货与股票现货交易的区别

1. 卖空机制不同

股指期货的一项重要功能就是提供做空机制，当看空市场时，可卖出期货合约进行避险，没有任何限制条件。股票卖空交易的一个先决条件是必须首先从他人手中借到一定数量的股票。国外现货市场对卖空存在比较严格的限制。虽然我国市场目前允许现货市场融券制度，但政策实施之初的融券规模将较小、融券品种也仅局限于少数证券，很难满足大资金有

效规避系统风险的要求。

2. 是否采用 T+0

股指期货采用 T+0 交易，当日开新仓后可平仓。股票则采用 T+1 交易。

3. 成本不同

相对于现货交易而言，股指期货的交易成本是相当低的。股指期货的交易成本包括：交易佣金、买卖价差、用于支付保证金的机会成本和可能的税项。股指期货的交易成本约为股票交易成本的十分之一，显著低于现货交易成本。

4. 杠杆效应不同

股指期货保证金仅为交易金额的一定比例，因此投资者仅用少量保证金就可以进行大量数额的交易。这被称作杠杆交易。保证金比例越低，杠杆比率越高。而股票现货交易则采用全额交易，无杠杆效应。股指期货比现货交易具有更强的投机性。

5. 结算方式不同

股指期货实行现金交割方式，在交割时只计算盈亏而不转移实物；在期指合约的交割期投资者不必购买或者抛出相应成分股来履行合约义务，从而避免了在合约到期股票市场的“挤市”现象。而现货股票的买卖则对市场产生显著影响。

6. 交易关注点不同

股指期货市场需要更多地关注宏观经济、股市走向以及对股指期货标的指数权重股的走势，减少了投资股票市场的信息搜集、加工、处理成本。而现货市场则更专注于股市走向、具体公司投资价值的判断。

（二）金融期货与商品期货交易的区别

1. 标的指数不同

金融期货的标的物为特定的股价指数，不是真实的标的资产。而商品期货交易的对象是具有实物形态的商品。

2. 交割方式不同

金融期货采用现金交割，在交割日通过结算差价用现金来结清头寸。而商品期货则采用实物交割，在交割日通过实物所有权的转让进行清算。

3. 合约到期日的标准化程度不同

金融期货合约到期日都是标准化的，一般到期日在 3 月、6 月、9 月、12 月等几种；而商品期货合约的到期日依据商品特性的不同而不同。

4. 持有成本不同

股指期货的持有成本主要是融资成本，不存在实物贮存费用；有时所持有的股票还有股利，如果股利超过融资成本，还会产生持有收益。而商品期货的持有成本包括贮存成本、运输成本、融资成本。股指期货的持有成本低于商品期货。

5. 投机性能不同

金融期货对外部因素的反应比商品期货更敏感，价格的波动更为频繁和剧烈，因而金融期货比商品期货具有更强的投机性。

二、股指期货价格的主要影响因素

（一）指数成分股的价格走势

我国股指期货包含沪深300指数期货，上证50指数期货，中证500指数期货。

沪深300指数是由上海和深圳证券市场中选取300只A股作为样本编制而成的成分股指数。沪深300指数样本覆盖了沪深市场六成左右的市值，具有良好的市场代表性。沪深300指数是沪深证券交易所第一次联合发布的反映A股市场整体走势的指数。它的推出，丰富了市场现有的指数体系，增加了一项用于观察市场走势的指标，有利于投资者全面把握市场运行状况，也进一步为指数投资产品的创新和发展提供了基础条件。

上证50指数是根据科学客观的方法，挑选上海证券市场规模大、流动性好的最具代表性的50只股票组成样本股，以便综合反映上海证券市场最具市场影响力的一批龙头企业的整体状况。上证50指数自2004年1月2日起正式发布。其目标是建立一个成交活跃、规模较大、主要作为衍生金融工具基础的投资指数。

中证500指数是根据科学客观的方法，挑选沪深证券市场内具有代表性的中小市值公司组成样本股，以便综合反映沪深证券市场内中小市值公司的整体状况。其样本空间内股票扣除沪深300指数样本股及最近一年日均总市值排名前300名的股票，剩余股票按照最近一年（新股为上市以来）的日均成交金额由高到低排名，剔除排名后20%的股票，然后将剩余股票按照日均总市值由高到低进行排名，选取排名在前500名的股票作为中证500指数样本股。

投资组合理论告诉我们，像这样一个充分分散化的投资组合只受系统性风险的影响，研究个别股票的涨跌没有意义。但实际经验告诉我们，在指数中往往会有几只股票会起领头羊的作用。这些股票一般占指数权重比较大，或者它们代表的是一个占指数权重很大的行业。这些个股的涨跌会引领它们代表的那个板块同涨同跌，从而对指数产生一定程度的冲击。另外，成分股的分红派息、送股、配股、停牌等事件也会对指数的涨跌产生作用。

（二）国家宏观经济发展预期

股票价格指数期货实质上是一种对股票指数未来的一种预期，而指数反映了整个经济的运行状况。国家相关部门定期公布的一些宏观经济数据，诸如GDP增长、通胀率、失业率、零售增长、储蓄率等，都会影响到政府将来的货币、财政政策，会对投资者对经济未来预期产生影响，最终反映到期货价格上来。

（三）其他金融市场发展状况

虽然目前我国资本项目还没有放开，但我国融入全球经济的程度在逐步加深，人民币汇率也已经在进行有限制地浮动。这些都说明我国资本市场不能独立于全球金融体系之外，周边市场的变化对我国将会产生一定程度的影响。除了国内与国际市场之外，我们还要关注债券市场、外汇市场、商品市场以及房地产市场。根据凯恩斯的市场替代理论，在资金有限的情况下，各个投资品种之间有一定的相互替代作用，资金的流向会对市场产生冲击。

三、金融期货走势的研判

期货与现货最直接的关系通过到期交割连接起来的，期货到期以后也就转成现货，期货到期价格一般都会与现货价格相当或持平。

期转现交易是期货交易里面的一种特例，简单说就是根据买卖双方的意向，在期货合约到期前提前完成交割的一种现象。

商品的价格一般情况下都是由供求关系决定的，现货价格与期货价格也不例外。期转现交易的成交价格是买卖双方都愿意接受的价格，一般都会跟现货价格相当或持平；而期转现本身也仅属于交易领域里的一个组成部分。

由于股票价格指数，国债期货并没有像商品一样的现货，其很重要的一个特征就是直接用现金交割，多空双方直接根据交易状况核算盈亏。

金融期货价格其实就是现货在远期中的一种预期体现。根据国外的经验，金融期货的走势在大部分的时间内和现货的价格一致。同时期货交割后就变成了现货，所以金融期货会在一定的幅度范围内围绕现货波动，且随交割日的临近，这种幅度的范围会越来越小。

四、金融期货交易流程

金融期货的整个交易流程可分为开户、交易、结算和交割四个步骤。

（一）开户

金融期货的开户包括寻找合适的期货公司，填写开户材料和资金入账三个阶段。期货公司是投资者和交易所之间的纽带，除交易所自营会员外，所有投资者要从事股指期货交易都必须通过期货公司进行。对投资者来说，寻找期货公司目前有两种渠道，一种是通过所在的证券公司；另一种是投资者直接找到具有金融期货经纪业务许可证的期货公司。这些期货公司应该有良好的商誉、规范的运作和畅通的交易系统。

在开户时，投资者应仔细阅读“期货交易风险说明书”，选择交易方式并约定特殊事项，进而签署期货经纪合同，并申请交易编码和确认资金账户，最后通过银行存入保证金，经确认后即可进行期货交易。

（二）交易

金融期货的交易在原则上与证券一样，按照价格优先、时间优先的原则进行计算机集中竞价。交易指令也与证券一样，有市价、限价和取消三种指令。与证券的不同之处在于，金融期货是期货合约，买卖方向非常重要。买卖方向也是很多股票投资者第一次做期货交易时经常弄错的。期货具有多头和空头两种头寸，交易上可以开仓和平仓；平仓还分为平当日头寸和平往日头寸。

交易中还需要注意合约期限。一般来说，股指期货合约在半年之内有四个合约，即当月现货月合约，后一个月的合约与随后的两个季度月合约。随着每个月的交割，进行一次合约的滚动推进。比如在九月份，就有九月、十月、十二月和次年三月四个合约进行交易；在十月底需要对十月合约进行交割。

（三）结算

因为期货交易是按照保证金进行交易的，所以需要对投资者每天的资产进行无负债结算。投资者应该知道怎么计算自己账户的资金状况。期货交易的账户计算比股票交易要复杂。首先，计价基础是当日结算价，它是指某一合约最后一小时成交量的加权平均价，若这个小时出现无量涨跌停，则以涨跌停板价为结算价；若这个小时无成交，则以前一个小时成交量的加权平均价计算。在期货交易账户计算中，盈亏计算、权益计算、保证金计算以及资金余额是四项最基本的内容。在进行差额计算时，注意不是当日权益减去持仓保证金就是资金余额。如果当日权益小于持仓保证金，则意味着资金余额是负数，同时也意味着保证金不足了。按照规定，期货公司会通知投资者在下一交易日开市前将保证金补足，这是追加保证金。如果投资者没有及时将保证金补足，期货公司可以对该账户所有人的持仓实施部分或全部的强制平仓，直至留存的保证金符合规定的要求。买入股票后，只要不卖出，盈亏都是账面的，可以不管。但期货是保证金交易，每天都要结算盈亏，账面盈利可以提走，但账面亏损就要补足保证金。为更好地保护期货投资者的资金安全，2006 年 5 月成立了中国期货保证金监控中心。该中心网站上提供了投资者查询服务系统，通过该系统投资者可以查询自身交易结算报告等信息。

（四）交割

股指期货的交割也与股票不同。一般股票投资者习惯了现货买卖，而容易忽视股指期货合约到期需要以当日的合约交割价进行现金结算，所以想要持有头寸需要持有非现货月合约。

五、股指期货操作要点

股指期货是股票和期货之间的桥梁。根据股指期货的特点，我们要注意以下几点。

（一）区分两类品种不同的交易与结算机制

股指期货采用了保证金交易，并且做多与做空同样方便。而股票是全额交易，只能做多不能做空。在结算机制上，股指期货采用每日无负债结算方式，而股票是采用 T + 1 交收。

（二）摒弃只做多不做空思路

股票市场所交易的标的物是股票，而期货市场中所交易的标的物是合约。对于股票来说，只有先买入才可能再卖出；而在股指期货市场上，卖空与买多是等价的一种交易方向，也可以先卖出开仓然后再买入平仓。

（三）充分认识保证金交易的风险性

由于采用了保证金交易，导致一些风险喜好的投资者资金杠杆比率过高，一旦价格反向运动，就会造成大于初始保证金的损失。而在股票市场投资，最大的损失只是初始资金。因此，对于普通投资者，要取得与股票投资同样的风险与收益，就必须把部分资金作为股指期货的保证金，而用另一部分资金买入国债。资金经过这样分配之后，它的风险与收益就与投资股票一样了。

（四）每天须跟踪市场价格动态

由于股指期货采用每日无负债结算制度，如果价格向不利于投资者持有头寸的方向变化，每日结算之后，投资者就须追加保证金；如果保证金不足，投资者的头寸日内就可能被强制平仓。这与股票投资是十分不同的。在股票市场上，投资者买入股票之后，可以长期不管市场价格涨跌，因为投资者支付了全额资金。所以投资股指期货市场，投资者一旦方向出错，很容易出现需要追加保证金，有的时候甚至可能出现当日追加保证金的现象。所以投资者有必要每天跟踪市场价格动态信息。

（五）要密切关注最后的交易日期

无论是在保值或者套利投机的过程中，都有可能出现需要转仓以延续已经持有的头寸。那么我们必须密切关注最后的交易日期，在最后的交易日结束以后，股指将进入现金交割程序。如果不关注最后交易日，投资者的头寸风险往往会出现不匹配的情况，这将给投资者带来损失。

六、股指期货的基本面分析

股指期货的基本面分析主要有两种思路，其中一种是就影响股票指数的各种主要因素进行分析，进而对整体运行情况和未来走势做出判断，这种方法称为因素分析法。它需要将各种影响因素加以区分，并对各个因素逐一进行分析。该过程并不复杂，但难点在于如何判断出主导市场的主流因素，如何综合分析诸多因素对指数的作用方向及作用力度。

影响股指期货价格走势的主要因素有以下几个方面：经济周期、宏观经济政策、利率等。

（一）经济周期

传统的经济周期理论认为，经济繁荣时期，企业盈利增加，股息提高，推动股票价格上涨；经济危机时期，企业盈利减少甚至亏损，股息下降，压制股票价格下跌。在繁荣转向危机、萧条转向复苏的过程中，市场对未来经济的预期也会相应地反映到股价上。研究表明，某些经济指标运行先于经济周期，这些指标被称为先行指标，例如，金融机构新增贷款、企业订货指数、房地产土地购置面积、采购经理人指数、新增订单数量、存货水平等。这些指标在总体经济活动达到高峰或低谷前先行出现高峰或低谷，因此可以利用这些先行指标的变动特征和它们与总体经济变动之间的超前关系，进而对股指进行分析和判断。其他的经济指标如同步指标和滞后指标都对股指分析和判断具有一定的帮助。

（二）宏观经济政策

宏观经济政策包括货币政策和财政政策。宽松的货币政策给市场注入流动性，企业扩大产能的资金需求得到满足，消费需求扩大，有可能引发通货膨胀，在物价上涨过程中，企业也可得到更多盈利。紧缩的货币政策提高了货币的借贷成本，企业获取贷款的难度提高，消费需求得不到资金供给，也制约了企业生产经营，对股价不利。财政政策方面，政府通过增加支出，可以刺激社会总需求，从而增加国民收入，提高企业盈利能力，推动股价上升；税收对国民收入是一种收缩性力量，因此增加政府税收将抑制社会总需求，减少国民收入，企业盈利下降，不利于股价。

（三）利率

央行根据货币政策实施的需要，适时运用利率水平和利率结构进行调整，进而影响社会资金供求状况，实现货币政策的既定目标。一方面，提高利率将提高企业的借贷成本，不利于企业的经营，不利于股市整体走势，这与货币政策对经济的影响类似；另一方面，利率提高将吸引资金流出股市，流入银行变为存款，影响股市的资金供应，提高投资者对股市的要求收益率，不利于股价上涨。利率降低则效果相反。

除此之外，汇率和物价指数等因素也对股指影响较大。当前在出口对中国经济增长的贡献度较大的情况下，人民币汇率的升值将大幅提高企业生产经营成本，严重降低中国出口产品的竞争力，因此对出口企业和我国经济整体影响十分不利。但从另一角度来看，在货币渐进式升值过程中，大量游资涌入国内，对股市资金供应大量增加，容易形成资产泡沫。

任务描述 2－1

已经拥有股票的投资者或预期将要持有股票的投资者，如证券投资基金或股票仓位较重的机构等，在对未来的股市走势没有把握或预测股价将会下跌的时候，为避免股价下跌带来的损失，卖出股指期货合约进行保值。这样一旦股票市场真的下跌，投资者可以从期货市场上卖出股指期货合约的交易中获利，以弥补股票现货市场上的损失。

国内某证券投资基金在6月2日时，其股票组合的收益达到了40%，总市值为5亿元。该基金预期银行可能加息和一些大盘股相继要上市，股票可能出现短期深幅下调，但对后市还是看好。决定用沪深300指数期货进行保值。

假设其股票组合与沪深300指数的相关系数β为0.9。6月2日的沪深300指数现货指数为1400点，假设9月到期的期货合约为1420点。

6月22日，股票市场企稳，沪深300指数现货指数为1330，9月到期的期货合约为1349点。该基金认为后市继续看涨，决定继续持有股票。

解决方案

假设其股票组合与沪深300指数的相关系数β为0.9。6月2日的沪深300指数现货指数为1400点，假设9月到期的期货合约为1420点，则该基金的套期保值数量为：(5亿/1420×300)×0.9=1056（手）。

6月22日，股票市场企稳，沪深300指数现货指数为1330，9月到期的期货合约为1349点。该基金认为后市继续看涨，决定继续持有股票。具体操作见表3－3。

表3－3

日期	现货市场	期货市场
06/02	股票市值为5亿元 沪深300现指为1400点	以1420点卖出开仓1056手9月到期的沪深300指数期货，合约总值为1056×1420×300＝4.5（亿元）
06/22	沪深300现指跌至1330点，该基金持有的股票价值减少5亿元×4.5%＝2250（万元）[4.5%＝0.9×(1400－1330)/1400]	以1349点买入平仓1056手9月到期的沪深300指数期货，合约价值为：1056×1349×300＝4.27（亿元）
损益	价值损失2250万元	盈利2250万元
状态	继续持有股票	没有持仓

课堂训练

当投资者将要收到一笔资金，但在资金未到之前，该投资者预期股市短期内会上涨，为了便于控制购入股票的时间，他可以先在股指期货市场买入期指合约，预先固定将来购入股票的价格，资金到账后便可运用这笔资金进行股票投资。通过股指期货市场上赚取的利润补偿股票价格上涨带来的损失。

某投资者在今年3月22日已经知道在5月30日有300万资金到账可以投资股票。他看中了A、B、C三只股票，当时的价格为10元、20元和25元，准备每个股票投资100万元，可以分别买10万股、5万股和4万股。由于行情看涨，担心到5月底股票价格上涨，决定采取股票指数期货锁定成本。

假设经统计分析三个股票与沪深300指数的相关系数β为1.3、1.2和0.8，3月22日沪深 300 指数的现指为 1050 点，5 月 30 日沪深 300 指数的现指为 1380 点。假设 3 月 22 日 6 月份到期的沪深 300 指数期货合约为 1070 点，5 月 30 日 6 月份到期的沪深 300 指数期货合约为 1406 点。

课后训练

一、判断题

1. 上证 50 指数期货采用 T +0 交易方式。（　）
2. IF1605 合约表示的是 2016 年 5 月到期的沪深 300 股指期货合约。（　）
3. 中证 500 股指期货合约的最小变动价位为 0.01 点。（　）
4. 投资者持有某股指期货合约，可以在该合约到期前平仓，也可以选择持有到期进行交割。（　）
5. 股指期货价格与所对应的标的指数走势无关。（　）
6. 沪深 300 指数成分股由沪深两市 300 只股票组成。（　）
7. 市价指令不能成交的部分继续有效。（　）
8. 股指期货投资者可以通过中国期货保证金监控中心网站来查询每日的结算账单。（　）
9. 股指期货交易导致的亏损有可能不限于初始投入的保证金。（　）
10. 期货公司可以接受投资者的全权委托。（　）

二、单项选择题

1. 沪深 300 股指期货限价指令每次最大下单数量为（　）手。

A. 50　　B. 100　　C. 200

2. 在沪深 300 股指期货合约到期交割时，根据（　）计算双方的盈亏金额。

A. 当日收盘价　　B. 交割结算价　　C. 当日结算价

3. 2016 年 6 月 2 日（周四），中国金融期货交易所可供交易的沪深 300 股指期货合约应该有（　）。

A. IF1606　IF1607　IF1608　IF1609

B. IF1606　IF1607　IF1609　IF1612

C. IF1606　IF1609　IF1612　IF1703

4. 股指期货交易的杠杆性决定了收益可能成倍放大，损失也可能（　）。

A. 不变　　B. 成倍缩小　　C. 成倍放大

5. 自然人投资者开户参与股指期货交易，应由（　）签署开户文件。

A. 投资者本人或其居间人

B. 投资者本人或其授权人

C. 投资者本人

6. 沪深 300 股指期货合约到期时只能进行（　）。

A. 现金交割　　B. 实物交割　　C. 现金或实物交割

7. 参与股指期货交易的投资者要与（　）签订期货经纪合同，可以通过期货公司或具有中间介绍业务资格的证券公司及营业部办理具体的开户手续。

A. 期货公司　　B. 证券公司　　C. 中国金融期货交易所

8. 若沪深300股指期货某个合约报价为3000点，则1手合约的价值为（　　）万元。

A. 9　　B. 90　　C. 75

9. 某投资者买入开仓IF1003合约10手后，于次日卖出平仓该合约4手，该投资者对IF1003合约的持仓为（　　）。

A. 4手　　B. 6手　　C. 14手

10. 沪深300股指期货合约非最后交易日的交易时间为（　　）。

A. 9:15～11:30（第一节），1:00～3:00（第二节）

B. 9:30～11:30（第一节），1:00～3:00（第二节）

C. 9:15～11:30（第一节），1:00～3:15（第二节）

11. 以下关于市价指令，说法正确的是（　　）。

A. 市价指令只能和限价指令撮合成交

B. 集合竞价接受市价指令

C. 市价指令相互之间可以撮合成交

12. 沪深300股指期货的当日结算价是指某一期货合约的（　　）。

A. 全天成交价格按照成交量的加权平均价

B. 收盘价

C. 最后一小时成交价格按照成交量的加权平均价

13. 某投资者以3000点买入沪深300股指期货合约1手开仓，在2900点卖出平仓，如果不考虑手续费，该笔交易的亏损为（　　）。

A. 30000元　　B. 10000元　　C. 3000元

14. 金融期货投资者交易保证金不足，且未在规定时间内补足的，其部分或全部持仓将被（　　）。

A. 强制减仓　　B. 强行平仓　　C. 协议平仓

15. 金融期货合约的标准化是指除（　　）外的所有要素都是统一规定的。

A. 价格　　B. 合约乘数　　C. 报价单位

16. 期货公司应当在（　　）向投资者揭示期货交易风险。

A. 投资者开户前　　B. 投资者开户后　　C. 交易亏损时

17. 沪深300股指期货合约到期日为（　　）。

A. 合约到期月份的第三个周五

B. 合约到期月份的第三个周一

C. 合约到期月份的月末

18. 担心股市下跌，可（　　）进行套期保值。

A. 卖出股指期货合约　　B. 买入股指期货合约

C. 平仓股指期货合约

19. 建立多头持仓应该下达（　　）指令。

A. 买入开仓　　B. 买入平仓　　C. 卖出开仓

20. 涨跌停板一般是以合约上一交易日的（　　）为基准确定的。

A. 收盘价　　B. 开盘价　　C. 结算价

学习情境四　期货投资分析

学习目标

- 掌握期货基本因素分析
- 掌握期货价格技术分析的主要基础指标
- 掌握图形分析方法
- 综合基本分析和技术分析判断行情走势，寻找期货交易机会

本学习情境包含两个学习单元：期货基本面分析，期货技术分析。

学习单元一　期货基本面分析

引导案例

格林斯潘打两个“喷嚏”　中国期货富豪一夜破产

2004 年 4 月，美国联邦储备委员会主席格林斯潘的两个“喷嚏”竟引起中国期货市场震荡，成批富豪破产。

4 月 20 日，格林斯潘在国会作证时声称美元已走出通货紧缩。他“金口”一开，全球股市、期市立马“跌”声一片。由于市场预期美元很有可能在短期内加息，因此直接导致国内铜铝胶等期货品种 21 日至 22 日两天连续跌停。4 月 23 日铜、铝等品种继续大跌。金属期货多头一年多来的收益三天内损失殆尽，许多百万富翁一夜破产。而香港恒生指数也在三天内跌去 223 点。

22 日，格林斯潘又声称，“美联储不急于加息”。美股、港股随即大反弹。短短三四天内，全球股市“玩”了一次大蹦极。

4 月 20 日，格林斯潘在国会作证时发表评论说，通货紧缩风险对美联储来说“不再是个问题”，美国已走出通货紧缩。“美联储将会在短期内加息”的信号传遍了全球投资市场的每一个角落，道琼斯指数随即暴跌 1.98%。国际金属和大宗商品期货价格全线暴跌。

4 月 21 日，中国期货市场所有品种全部跌停开盘，全天封死跌停。即使是在 4 月 22 日，格林斯潘表态“美联储不急于加息”后，期市仍然回天乏力，伦敦金属交易所各交易

品种继续暴跌，铜、铝等创下多年来罕见跌幅。而国内期货市场各品种继续全天跌停。4月23日，各期货品种全部低开，所有多头全部暴仓，多头仓位被强行平仓。

格林斯潘的讲话是此次大跌最直接的原因，导致下跌以连续跌停的形式进行，所以出现非常罕见的大批多头暴仓的情形。如果此次调整不是以这样迅猛的跌停形式展开，那么多头的损失不会如此之惨重。

知识链接

一、基本分析法的概念

基本分析法是根据商品的估计产量、库存量和预计需求量，即根据商品的供给和需求关系以及影响供求关系变化的种种因素来预测商品价格走势的分析方法。

二、基本分析法的特点

1. 分析价格变动的长期趋势

期货交易者利用基本分析法主要分析的是期货市场的长期价格走势，即所谓大势，并以此为依据长期持有合约，不必注意日常市价的反复波动而频繁改变持仓方向。

2. 研究的是价格变动的根本原因

相对技术法而言，基本分析法更关注期货市场价格变动的根本原因，它通过分析一些能实际性影响期货市场价格的因素来判断期货市场的走势。

3. 主要分析的是宏观因素

基本分析法分析的是一些较为宏观性的因素，比如总供给与总需求的变动，国际国内的经济形势，自然因素和政治因素等。

三、供给与市场价格的关系

基本分析法所依据的经济学原理，是商品的价格由供给和需求的变化决定，供求力量的均衡形成商品的市场价格。因此，要掌握基本分析法，就必须先把握其理论基础供求原理。供给，是指在一定时间、一定地点和某一价格水平下，生产者或卖者愿意并可能提供的某种商品或劳务的数量。

1. 供给法则

一般说来，市场价格越高，卖方愿意为市场提供较多的产品数量，即：价格越高，供给量越大；价格越低，供给量越小。供给量与价格同方向变动，这就是供给法则。

2. 供给弹性

供给法则说明了供给量与价格间的变动方向，但没有显示出变动的幅度。不同商品之间，其供给量对价格的反应敏感性可用供给弹性说明。供给弹性是指价格变化引起供给量变化的敏感程度，即价格变动百分之一时供给量变动的百分比。

一般地说，大多数商品在短期内其供给都有相当缺乏弹性，因为生产对于价格上涨的反映有时间上的滞后性，生产者或厂商不可能仓促地依据价格短时间内的变化而频繁地改变生产计划。所以，大多数商品在短期内的供给价格弹性较低。

然而，影响某一商品供给量变动的因素除了价格之外，还有其他许多因素，如生产成本的增加，竞争性商品价格的变化等。

3. 商品市场的供给量构成

商品市场的供给量主要由前期库存量、当期生产量和当期进口量三部分组成。这三方面的供给对期货价格影响不可忽视。

（1）前期库存量。是指上一季（或上一年）积存下来可供社会消费的商品实物量，它是构成总供给量的重要部分。根据存货持有者身份的不同，可分为生产者存货、经营者存货和政府存货。前期库存量的多少，体现着供应量的紧张程度，供应短缺将导致价格上涨，而充裕的供应将导致价格下跌。因而，对于能够储藏的小麦、玉米、大豆等农产品以及能源和金属矿产品等，研究前期库存是非常重要的。

（2）当期生产量。由于期货合约所交易的商品是在合约成交时刚投入或即将准备投入生产的产品，在此期间，商品生产者可能受各种因素的影响，而改变其生产计划或使其实际产量计划量发生大的变化，因此当期产品产量本身是一个变量。这一点对于受自然因素影响大的农产品，尤其是某些不能储藏的商品，表现尤为明显。对于农产品期货，必须注意分析研究播种面积、气候情况和作物生产条件，生产成本以及政府的农业政策等因素的变动情况，这样才能较好地掌握当期生产量。

（3）当期进口量。某种商品进口数量越多，占整个国家社会消费总量的比重越大，则进口量的变化对市场商品供给和商品价格的影响也就越大。商品的实际进口量往往会因政治或经济的原因而发生变化。因此，应尽可能及时了解和掌握国际形势、价格水平、进口政策和进口量的变化。

4. 影响期货商品供给的一般因素

从长期来看，影响期货商品供给的一般因素有：生产能力、生产商的总数、替代产品的相对生产成本、社会风俗习惯以及国家宏观政策等。因此，在研究商品供给量时，应综合考虑各种因素。

四、需求与市场价格的关系

需求，是指在一定时间、一定地点和某一价格水平下，消费者对某一商品所愿意并有能力购买的数量。

1. 需求法则

一般说来，在其他条件不变的情况下，商品价格越高，人们对它的需求量就越小；反之，商品价格越低，人们对它的需求量就越大。价格和需求之间这种呈相反方向变化的关系就是需求法则。

2. 需求弹性

需求的价格弹性是指需求量对价格的反应程度，或者说价格变动百分之一时需求量变动的百分比。

当价格稍有下降即造成大量需求时，称之为需求有弹性；反之，当价格下跌很多，仅造成需求的少量增加，则称之为需求缺乏弹性。

有的商品，当价格上涨时，需求量明显下降，例如一些非必需品，或存在替代产品的商品，其需求弹性较大；有的商品，无论价格怎么变动，其需求总保持在较为稳定的范围内，其需求缺乏弹性。

3. 商品市场的需求量构成

商品市场的需求量通常由国内消费量、出口量及期末商品结存量三个部分组成。

(1) 国内消费量。某种商品国内消费量并非是一个固定不变的常数，而是受各种因素影响而变化的。影响国内消费量变化的因素有：消费者购买力的变化、人口增长及消费结构的变化、政府收入与就业政策等。一般来说，这些因素的变化对期货商品需求及价格的影响要大于对现货市场的影响。

(2) 出口量。在产量一定的情况下，某种商品出口量的增加会减少对国内市场的供应；相反，出口量减少，会增加国内市场供应量。因此，商品出口量的变化会引起国内市场商品供求状况的变化，从而对该商品价格产生影响。

(3) 期末商品结存量。是分析期货商品价格变化趋势最重要的数据之一。一般来说，如果当年年底商品存货量增加，则表示当年商品供应量大于需求量，下年的商品期货价格就有可能会下跌；如当年年底商品存货量减少，表示当年商品需求量大于供应量，则下年的期货商品价格将会上升。因此，必须及时了解本国有关商品生产国和进口国的商品期末结存量。

4. 影响需求的因素

影响需求的因素有：消费者的购买力、消费者偏好、代用品的供求、人口变动、商品结构变化及其他非价格因素等。

五、影响价格的其他因素

期货市场中，基本分析法是利用供求关系的变化来预测未来市场价格走势的变化，以决定买卖策略。因此，在分析影响商品供求各种因素及其相互间的关系基础上，还需进一步分析影响商品价格的其他因素，这些因素包括经济波动周期因素、金融货币因素、政治因素、政策因素、自然因素、投机和心理因素等。这些因素最终都是通过供求影响期货市场价格的。

1. 经济波动周期因素

经济波动周期因素是影响期货市场价格走势的重要因素之一。

期货市场的价格波动不仅与国内的经济周期相关，而且与世界各国的经济景气与否也有关系。经济周期一般由四个阶段构成，即危机、萧条、复苏、高涨。在危机阶段，由于需求萎缩。供给大大超过需求，库存增加导致了价格的猛烈下降；在萧条阶段，价格下跌停止，但这一阶段社会购买力仍然很低，商品销售仍然困难，因此，价格仍处于低水平上；进入复苏阶段，由于生产的恢复和发展以及需求的增加，促使价格逐渐回升；而到了高涨阶段，由于商品需求不断增加，而供应量满足不了日益增长的需求，从而刺激价格迅速上涨至较高水平。商品价格在经济周期各个阶段的变化导致期货市场出现短期的价格上涨或下跌的现象。因此，当我们分析较长时期期货价格走势时，应该密切注意国内外经济情况的变化。我们一般可以通过各国的经济增长率、国民生产总值等指标判断经济的繁荣与萧条，而通过货币供应量、各种物价指数的高低判断通货膨胀的情况。

2. 金融货币因素

在期货市场中，金融货币因素对期货价格的影响主要表现在利率和汇率两方面。美元、日元、德国马克、英镑等主要国际流通货币的利率或汇率的波动，对期货市场价格有着极为明显的制约作用。

（1）利率。目前货币政策是世界各国普遍使用的宏观经济政策之一，其核心是对货币流通量的管理。货币流通量一般由中央银行控制，因此中央银行所制定的政策和采取的行动对利率水平影响极大。在经济发展缓慢时，中央银行调低利率，以刺激经济增长；在通货膨胀时，中央银行提高利率，收紧银根。然而，对于中央银行来说，准确地把握提高利率、紧缩银根的尺度却并不是很容易的。如果紧缩过度，便会导致市场萧条，经济衰退，而不得不降低利率、放松银根，以重新刺激经济发展，但不久以后可能又会出现新的过热。这样，就会造成“紧缩与放松”“加息与减息”的交替反复，不仅造成金融市场及整个国民经济的激烈动荡，而且也会给期货市场带来压力和不稳定因素，从而影响期货价格。当银根紧缩时，利率上升，加重了期货交易商的利息负担，增加了交易成本，迫使一些交易商尽早平仓或退出市场，使期货价格趋跌；当银根放松时，利率降低，又会刺激投资者积极参与期货交易，使市场活跃，期货价格趋升。

（2）汇率。世界贸易中绝大部分农产品、主要工业原材料和能源的价格是根据世界各地相应的商品交易所成交价格确定的。因此，在期货交易中，考虑所选用的计价货币及其他货币的汇率变动对于期货价格的影响是相当重要的。

除利率和汇率因素之外，作为金融货币体系重要组成部分的股票及债券市场、黄金市场和外汇市场的运行，也会影响期货价格。当股票、债券、黄金价格上升时，说明社会游资过多，市场过热，将会引致通货膨胀上升，并刺激利率上涨，此时投机者会因为对加息的恐惧而大量抛空期货合约，致使商品期货价格下跌；反之，当股票、债券、黄金价格下跌时投机者又大量入市买入期货合约，从而引起期货价格上涨。因此，期货价格通常与股票、债券和黄金价格呈反方向变动。

3. 政治因素

政治与经济是密切相关的。一个国家、一个地区乃至整个世界的政治形势的变化，对经济的影响都是很大的。期货市场对政治气候的变化异常敏感，政治局势的波动常常对期货价格造成不同程度的影响。当政局动荡时，经济整体受影响，期货市场也受冲击，期货价格也会剧烈动荡和发生局势的变化，例如政变、内战、罢工、大选、劳资纠纷等；国际方面包括战争、冲突、经济制裁、政坛重要人物逝世或遇刺等。所有这些因素都会导致期货价格的波动。1990 年 10 月 2 日，伊拉克入侵科威特，造成石油价格的暴涨；1991 年 1 月，海湾战争打响后，交易商认为双方力量对比悬殊，多国部队必将胜利，因而油价迅速回跌。政治因素对期货市场具有很强的制约性，其影响往往是巨大的，所产生的后果通常也是十分严重，有时可能直接决定某种商品期货的短期价格走势。但是，各种政治性事件是很难预料的，因此，在分析政治因素对期货市场价格影响时，需要注意的倒是投机者的动向，尤其是分析投机大户利用一些政治新闻来制造舆论和假象，以操纵价格，从中牟利。所以，期货交易者就应广泛搜集、整理有关的资料、信息，全面系统地加以分析，以把握政治因素可能带来的影响，从而分析预测期货价格变动的方向、幅度。

4. 政策因素

政策和措施对期货价格影响也很大。各个国家为了维护自身的政治和经济利益，常常制订和修改某些政策和措施。这些政策的措施影响了经济生活，同时也会对期货市场价格产生影响。

除了国内政策措施变化外，国际性商品协定和组织机构的政策变化也对期货市场价格产生影响。世界上一些大宗商品如石油、铜、橡胶、咖啡、可可等的主要生产国和消费国，大都订立了贸易协定成立了国际性行业组织，例如，石油输出国组织、国际锡生产国协会、天然橡胶生产国协会等。这些国际性商品协定和国际组织，为维护其利益，经常采取一致的政策措施来影响国际市场的商品供求关系和市场价格，例如，削减产量、出口管理制、限制价格波幅等。这些政策措施，对期货市场商品价格产生不同程度的影响，如石油输出国组织经常召开部长级会议，经协商规定各成员国最高日产量，以防止因生产过剩而造成油价下跌。

5. 自然因素

自然条件因素主要是气候条件、地理变化和自然灾害等。具体来讲，包括地震、洪涝、干旱、严寒、虫灾、台风等方面的因素。期货交易所上市的粮食、金属、能源等商品，其生产和消费与自然条件因素密切相关。有时因为自然因素的变化，会对运输和仓储造成影响，从而也间接影响生产和消费。当今世界科技水平迅速提高，但对自然环境的突发性变化，特别是对各种自然灾害的抗争能力是十分有限的。因此，自然因素对期货交易商品，尤其是受自然因素影响大的农产品仍具有相当的制约性。当自然条件不利时，农作物的产量就会受到影响，从而使供给趋紧，刺激期货价格上涨；反之，如气候适宜，又会使农作物增产，增加市场供给，促使期货价格下跌。例如，巴西灾害性天气的出现，对国际上咖啡和可可的价格影响很大。因此，期货交易商必须密切关注灾情、霜冻、作物生长期内温度等情况以及这些自然因素对世界范围内农作物生长和牲畜饲养的影响，以提高对期货价格预测的准确性。

6. 投机和心理因素

在期货市场中有大量的投机者，他们参与交易的目的就是利用期货价格上下波动来获利。当价格看涨时，投机者迅速买进合约，以期价格上升时抛出获利，而大量投机性的抢购，又会促进期货价格的进一步上升；反之，当价格看跌时，投机者迅速卖空，当价格下降时再补进平仓获利；而大量投机性的抛售，又会促使期货价格进一步下跌。在期货市场中，大投机商经常利用某些消息或价格的波动，人为地进行买空和卖空，从而对期货价格的变动起着推波助澜的作用。有时，投机大户甚至制造谣言，虚张声势，哄抬物价，操纵市场，从中获利。

与投机因素相关的是心理因素，即投机者对市场的信心。当人们对市场信心十足时，即使没有什么利好消息，价格也可能上涨；反之，当人们对市场失去信心时，即使没有什么利淡因素，价格也会下跌。当市场处于牛市时，人气向好，一些微不足道的利好消息都会刺激投机者的看好心理，引起价格上涨；当市场处于熊市时，人心向淡，往往任何利好消息都无法扭转价格疲软的趋势。

在期货交易中，投机者的心理变化往往与期货投机因素交织在一起，产生综合效应。投机者的目的是利用期货价格波动买卖期货合约获利，投机者的心理随着市场价格的变化是不断变化的，而投机者的这种心理变化又会成为其他投机者产生交易行为的原因。所以，投机者的心理变化与投机行为在期货交易中形成了相互制约、相互依赖的关系。

六、信息的收集和分类

基本分析法包括信息的收集、研究和分析，有助于投资者做出合理的交易决策。若没有丰富的经验和足够的研究分析，则难以确定期货价格运动的趋势。获得充分大量的相关信息是投资者做出决策和分析的基础，也是能否保证投资的成功的关键因素之一。许多投资者屡遭败迹，一个重要的因素就是他们缺乏足够的信息。

比如智利某大型铜矿，工人由于工资或其他原因罢工，在国际市场上铜的价格马上会有相应的反映，而我们国内市场的铜价也会跟随国际市场产生联动，但我们在没有得到影响这波行情的确切消息的情况下，不好判断行情维持的时间和价格变动的程度，这种情况下贸然进入市场是很危险的，这是市场信息的不对称造成的。远在智利的铜矿罢工我们不可能第一时间得到消息，但现代科技发达程度足够可以使我们尽快了解到这些信息从而帮助投资者作出合理的交易决策。这就要求投资者要有收集足够且准确的信息的能力，可以通过下面途径收集一些相关资料。

（1）大众新闻媒介；

（2）出版的有关书籍；

（3）一般期刊和商业期刊：《中国证券期货》；国内报刊，如《期货日报》等；

（4）金融性期刊及日报：《中国证券期货》；

（5）咨询公司和期货交易所。

任务描述 1－1

香港政府打击国际炒家

从 1997 年 7 月开始掀起波澜的那场金融风暴，如火山喷发般迅速席卷了亚洲进而搅动了整个世界，那些在风暴中倒下的国家，身陷经济崩溃的泥潭，只能任人宰割，而依然在风暴中挺立的香港，它的金融市场也已经遍体鳞伤。在这个时候，特区政府已经意识到，尽管已经化解了国际炒家们的数次冲击，但更猛烈的风暴还没有到来，特区政府必须以更强硬的手段、更主动的姿态去迎接挑战。也是在这个时候，一直在等待最佳时机的索罗斯正在不断积蓄能量，准备对香港发动最后一击。这场香港金融保卫战的大决战终于在 1998 年 8 月拉开了帷幕。

1998 年 8 月 5 日，国际炒家们一天之内抛售 200 多亿港元。香港金融管理局一反过去的被动做法，运用香港财政储备如数吸纳，将汇市稳定在 1 美元兑换 7.75 港元的水平上，银行同业市场拆借利息也只是略有上升。

8 月 6 日，炒家又抛售了 200 多亿港元，金融管理局再出新招，不仅照单全收，而且将所吸纳的港元存入香港银行系统，起到了稳定银行同业拆借利息的作用，防止了因为拆息率提高造成股市下跌。

8 月 7 日，因为已经公布中期业绩的一些蓝筹股的业绩表现不佳，导致恒生指数全日下跌 212 点，跌幅为 3%。在此后的 7 日至 13 日这几个交易日中，香港政府继续采用吸纳港元的办法，稳定同业拆息率并进而达到稳定股市的目的。但由于炒家在股票市场上大肆做空，恒生指数最终还是跌到了 6600 点附近的低位，比一年前几乎下跌了 10000 点，一年之间总市值蒸发了 2 万亿港元。

8 月 13 日，恒指被打压到了 6660 点后，港府组织港资、内地资金入市，与对手展开针对 8 月股指期货合约的争夺战。投机炒家要打压指数，港府则要守住指数，迫使投机者的合约无法于 8 月底之前如数套现。港府入市后大量买入国际炒家抛空的 8 月股指期货合约，将期指由入市前的6610点推高到24日的7820点，高于投资炒家7500点的平均建仓价位，取得初步胜利。当日收市后，港府宣布已动用外汇基金干预股市与期市。

8月14日，香港政府正式参与股市和期市交易。香港政府为了维护港元，携巨额外汇基金进入股票市场和期货市场，与炒家进行直接对抗。港府向香港的中银、获多利、和升等多家证券行发出指令，大量吸纳恒生指数蓝筹股，表示不惜成本，一定要将8月的股指抬高600点。香港政府一反以往“积极不干预”政策，给投机者造成了始料不及的沉重打击。

8月24日，为了打破炒家的套利计划，港府再度主动出击，动用50亿港元入市干预，当天恒生指数剧烈震荡，曾经出现短时间暴跌300点的状况，随后又被迅速拉回，收盘时恒生指数上扬318点。

对于香港金融市场的阻击者和保卫者来说，这绝对是个惊心动魄的八月。决战的帷幕已经拉开，决战的最后时刻即将到来。1998年8月28日是香港恒生指数期货8月合约的结算日，国际炒家们手里有大批期货单子到期必须出手。若当天股市、汇市能稳定在高位或继续向上突破，炒家们将损失数亿甚至十多亿美元的血本，反之港府之前投入的数百亿港元就等于扔进了大海。两个在金融市场上缠斗了整整一年的对手终于等到了决定生死的最后一战。

1998年8月27日，当天全球金融领域不断传来坏消息，美国道琼斯股指下挫217点，欧洲、拉美股市下跌了3%～8%。香港股市面临着严峻考验。在时任特区财政司司长曾荫权的指挥下，港府一天注入约200亿港元，将恒生指数稳稳托升了88点，为最后决战打下基础。同一天，索罗斯旗下的量子基金公然宣称：港府必败。这种以某个公司或个人的名义公开向一个政府下战书，扬言要击败某个政府的事件是史无前例的。这里面当然有威吓的成分，但也显示出索罗斯的野心和信心。对于这场决战，双方都有备而来，而且谁也输不起。

8月28日，这也许是香港自从有股市以来最漫长的一天。

上午10点整，交易正式开始。开市后仅5分钟，股市的成交额就超过了39亿港元。半小时后，成交金额就突破了100亿港元，到上午收盘时，成交额已经达到400亿港元之巨，接近了1997年8月29日创下的460亿港元日成交量历史最高纪录。

下午开市后，抛售有增无减，港府照单全收，成交量一路攀升，而恒指和期指始终维持在7800点以上。随着下午4点整的钟声响起，显示屏上不断跳动的恒指、期指、成交金额最终分别锁定在7829点、7851点和790亿三个数字上。

分析香港政府打击国际炒家的做法，说明基本面分析的哪一点？

解决方案

香港特区财政司司长随即宣布：在打击国际炒家、保卫香港股市和港币的战斗中，香港政府已经获胜。

如果抛开这一天惨烈的战况不谈，那么28日香港恒生指数收盘时的点位7829点实在是个非常平淡的数字，它甚至比前一天还下跌了93点，但是这个数字对香港金融市场的意义却是不可估量的，它让香港股市站稳了脚跟，让国际炒家不但没有了获利空间，而且由于他们的合约已经到期，将不可避免地遭受巨额亏损。这场龙争虎斗后来被写进了全世界许多国家的金融教科书，也成为很多影视剧里的重要剧情，但是在课堂上无论怎样去实战推演，或是在电影里如何去动人演绎，都比不上那一天里真实的精彩。

说明了政策因素对期货市场影响深远。

课堂训练

2001 年 9 月 11 日基地组织恐怖分子劫持的飞机撞击美国纽约世贸中心和华盛顿五角大楼，导致世贸中心 2 栋大楼轰然倒塌，美国 3000 多人丧身，并且造成美国乃至全球恐慌。该事件后被称为“9·11”事件。

美国“9·11”事件对美国的直接和间接经济破坏极大，9 月 11 日至 16 日美国全国航班一律停飞、之后的几个月美国民航的营业额下降一半左右（2000 年美国各大航空公司每天平均总收入为 3.57 亿美元）；关口和部分边界封闭，部分国内贸易和国际贸易、陆路和海上交通、城市交通中断，国内旅游、入境旅游和出境旅游均一度停止并数月内持续低迷；美国人的消费信心降到 8 年最低点；银行、股市、保险等金融行业也被严重拖累，其中保险行业一次性损失达 100 亿～150 亿美元（当时美国保险公司每年收入总量约为 400 亿美元）。

同时，“9·11”事件对美国经济的负面影响还通过贸易、资本流动和汇率、国际市场价格以及金融市场等四个渠道波及全球主要经济体。

“9·11”事件对美国股市的影响——交易所被迫关闭、股市短期暴跌。

“9·11”的发生使得纽约证券交易所、纳斯达克交易所等证券市场在 9 月 11 日～14 日（周二到周五）关闭，直到 9 月 17 日才重新开市。

“9·11”之前美国大豆价格也处在下跌通道中，“9·11”事件爆发当天，CBOT（美国芝加哥期货交易所）被迫关闭，休市两天后，9 月 13 日重新开市。开市当天，黄豆价格一反下跌趋势，当日收盘价为 482 美分/蒲式耳，较 9 月 10 日收盘价 470 美分/蒲式耳上涨 2.55%，当日最高价达 485 美分/蒲式耳。但 9 月 14 日价格又开始振荡下跌，重新步入下跌通道。

分析“9·11”事件给投资者的启示，给出对投资者的投资建议。

课后训练

2008 年 10 月国庆长假期间，CBOT 大豆期价受金融市场动荡影响破位下跌，美豆主力 11 月合约跌破了 1000 美分，2008 年 10 月 3 日收盘在 992 美分，比 9 月最后一周的收盘价暴跌 173.75 美分，创下 11 个月来的新低。市场对于全球经济衰退可能抑制消费需求的忧虑促使投机多头平仓退场，推动期价重挫。同时美国产区天气良好，有利作物生长，新豆产量将高于预期。加上美国农业部的季度库存报告显示过去的 2007/2008 年度美国大豆期末库存也远高于预期，供应较先前改善，亦给美豆增加利空压力。预计后市美豆期价仍将维持弱势，大豆及其制品期价节后走势将因外盘的崩跌带动而大幅下挫。

分析上述案例，说明 2008 年 10 月大豆合约受哪些基本因素影响？

学习单元二　期货技术分析

知识链接

一、技术分析三个假设

技术分析的理论基础是基于三个合理的假设：市场行为包容消化一切；价格以趋势方式

演变；历史会重演。

（一）市场行为包容消化一切

“市场行为包容消化一切”构成了技术分析的基础。除非你已经完全理解和接受这个前提条件，否则学习技术分析就毫无意义。技术分析者认为，能够影响某种商品期货价格的任何因素——基础的、政治的、心理的或任何其他方面的——实际上都反映在其价格之中。由此推论，我们必须做的事情就是研究价格变化。这个前提的实质含义其实就是价格变化必定反映供求关系，如果需求大于供给，价格必然上涨；如果供给大于需求，价格必然下跌。供求规律是所有经济预测方法的出发点。

把它倒过来，那么，只要价格上涨，不论是因为什么具体的原因，需求一定超过供给，从经济基础上说必定看好；如果价格下跌，从经济基础上说必定看淡。归根结底，技术分析者不过是通过价格的变化间接地研究基本面。大多数技术派人士也会同意，正是某种商品的供求关系，即基本面决定了该商品的看涨或者看跌。图表本身并不能导致市场的升跌，只是简明地显示了市场上流行的乐观或悲观的心态。

（二）价格以趋势方式演变

“趋势”概念是技术分析的核心。研究价格图表的全部意义，就是要在一个趋势发生发展的早期，及时准确地把它揭示出来，从而达到顺着趋势交易的目的。事实上，技术分析在本质上就是顺应趋势，即以判定和追随既成趋势为目的。

从“价格以趋势方式演变”可以自然而然地推断，对于一个既成的趋势来说，下一步常常是沿着现存趋势方向继续演变，而掉头反向的可能性要小得多。这当然也是牛顿惯性定律的应用。还可以换个说法：当前趋势将一直持续到掉头反向为止。虽然这句话差不多是同语反复，但这里要强调的是：坚定不移地顺应一个既成趋势，直至有反向的征兆为止。

（三）历史会重演

技术分析和市场行为学与人类心理学有着千丝万缕的联系。比如价格形态，它们通过一些特定的价格图表形状表现出来，而这些图形表示了人们对某市场看好或看淡的心理。

在三大假设之下，技术分析有了自己的理论基础。第一条肯定了研究市场行为就意味着全面考虑了影响价格的所有因素，第二和第三条使得我们找到的规律能够应用于期货市场的实际操作中。

二、技术分析的要素：价与量

期货价格技术分析的主要基础指标有开盘价、收盘价、最高价、最低价、成交量和持仓量。

（1）开盘价，开市前5分钟集合竞价产生的价格。

（2）收盘价，当日最后一笔成交价格。

（3）最高价，当日的最高交易价格。

（4）最低价，当日的最低交易价格。

（5）成交量，为在一定的交易时间内某种商品期货在交易所成交的合约数量。在国内期货市场，计算成交量时采用买入与卖出量两者之和。

（6）持仓量，指买入或卖出后尚未对冲及进行实物交割的某种商品期货合约的数量，也称未平仓合约量或空盘量。未平仓合约的买方和卖方是相等的，持仓量只是买方和卖方合计的数量。如买卖双方均为新开仓，则持仓量增加 2 个合约量；如其中一方为新开仓，另一方为平仓，则持仓量不变；如买卖双方均为平仓，持仓量减少 2 个合约量。当下次开仓数与平仓数相等时，持仓量也不变。

由于持仓量是从该种期货合约开始交易起，到计算该持仓量止这段时间内尚未对冲结算的合约数量，持仓量越大，该合约到期前平仓交易量和实物交割量的总和就越大，成交量也就越大。因此，分析持仓量的变化可推测资金在期货市场的流向。持仓量增加，表明资金流入期货市场；反之，则说明资金正流出期货市场。

三、趋势具有三种方向

我们所说的上升、下降、横向延伸三种趋势都是有充分的依据的。许多人习惯上认为市场只有两种趋势方向，要么上升，要么下降。但是事实上，市场具有三个运动方向——上升、下降以及横向延伸。仅就保守的估计来看，至少有三分之一的时间，价格处在水平延伸的形态中，属于所谓交易区间，所以，弄清楚这个区别颇为重要。这种水平伸展的状况表明，市场在一段时间内处于均衡状态，也就是说，在上述价格区间中，供求双方的力量达到了相对的平衡。不过，虽然我们把这种持平的市场定义成横向延伸趋势，但是更通俗的说法还是“没有趋势”。

大多数技术工具和系统在本质上都是顺应趋势的，其主要设计意图在于追随上升或下降的市场。当市场进入这种持平的或者说“没有趋势”的阶段时，它们通常表现拙劣，甚至根本不起作用。恰恰是在这种市场横向延伸的时期，趋势型投资者最易受挫折，而采用交易系统的人也蒙受着最大的损失。顾名思义，对顺应趋势系统来说，首先必须有趋势可循，然后才能施展功用。所以，失败的根源不在系统本身，而是在于投资者，是投资者操作错误，把设计要求在趋势市场条件下工作的系统运用到没有趋势的市场环境之中了。

期货投资者有三种选择——先买后卖（做多头）、先卖后买（做空头）或者拱手静观。当市场上升的时候，先买后卖当然是上策。而在市场下跌的时候，第二种选择则是首选。顺理成章，逢到市场横向延伸的时候，第三个办法——拱手静观通常是最明智的。

四、K 线图基础

（一）单根 K 线

K 线又称阴阳线、棒线、红黑线或蜡烛线，最早起源于日本德川幕府时代的米市交易，经过二百多年的演进，现已广泛应用于证券市场的技术分析中，成为技术分析中的最基本的方法之一，从而形成了现在具有完整形式和分析理论的一种技术分析方法。

K 线根据计算单位的不同，一般分为：日 K 线、周 K 线、月 K 线与分钟 K 线。它的形成取决于每一计算单位中的四个数据，即：开盘价、最高价、最低价、收盘价。当开盘价低于收盘价时，K 线为阳线（一般用红色表示）；当开盘价高于收盘价时，K 线为阴线；当开盘价等于收盘价时，K 线称为十字星。当 K 线为阳线时，最高价与收盘价之间的细线部分称为上影线，最低价与开盘价之间的细线部分称为下影线，开盘价与收盘价之间的柱状称为实体。由于 K 线的画法包括了四个最基本的数据，所以我们可以从 K 线的形态判断出交易时间内的多、空情况。当开盘价等于最低价，收盘价等于最高价时，K 线称为光头光脚的大阳线，表示涨势强烈；当开盘价等于最高价，收盘价等于最低价时，K 线称为大阴线，表示期货价格大跌；当开盘价等于收盘价时，且上影线与下影线相当时，K线称为大十字星，表示多空激烈交战，势均力敌，后市往往会有所变化，当十字星出现在K线图的相对高位时，该十字星称为暮星；当十字星出现在K线图的相对低位时，该十字星称为晨星。综合K线形态，其代表多空力量有大小之差别，以十字星为均衡点，阳线为多方占优势，大阳线为多方力量最强，阴线为空方占优势，大阴线为空方力量最强。应该注意的是，投资者在看K线时，单个K线的意义不大，而应与以前的K线作比较才有意义。

（二）K线中长期基本形态

单个K线可反映出单日的期货价格强弱变化，但它不能准确地反映出期货价格在一段时间内的变化趋势。那么，对于一段时间的期货价格变化，我们不再利用K线的阴、阳、上、下影线进行判断，而利用K线连接后所形成的中长期形态再加以判断。

1. 正三角形形态

在技术分析领域中，形态学派中经常会用到几何中“三角形”的概念。从K线图中，典型的三角形形态一般会出现正三角形、上升三角形、下降三角形三种。形态学派技术分析人士经常会利用三角形的形态来判断和预测后市。三角形的形成一般是由期货价格发展至某一阶段之后，会出现期货价格反复或者停滞的现象，期货价格振幅会越来越小，K线的高点与高点相连，低点与低点相连并延伸至交点，此时会发现期货价格运行在一个三角形之中，这种形态又以正三角形为典型代表。此形态的出现，投资者不要急于动手，必须等待市场完成其固定的周期形态，并且正式朝一定方向突破后，才能正确判断其未来走势。

正三角形又被称为“敏感三角形”，不易判断未来走势，从K线图中确认正三角形主要要注意以下条件：

（1）三角形价格变动区域从左至右由大变小，由宽变窄，且一个高点比一个高点低，一个低点比一个低点低。

（2）正三角形形态内的成交量，随着期货价格的波动从左至右而逐渐减少。

（3）当正三角形发展至形态的尾端时，其价格波动幅度及成交量显得异常萎缩及平静，但这种平静不久便会被打破，期货价格及成交量都将会发生变化。

（4）当正三角形上下两条斜边，各由两个或多个转折点所相连而成，这上下点包含着“涨→跌→涨→跌”，每一次涨势的顶点出现后，立刻引发下一波跌势，而每一次跌势的低点出现后，又立刻引发下一波涨势，而期货价格的波动范围会越来越小。

由于正三角形的形成是由多空双方逐渐占领对方空间，且力量均衡，所以从某种角度说，此形态为盘整形态，无明显的期货价格未来走向。在此期间，由于期货价格波动越来越小，技术指标在此区域也不易给出正确指示。故投资者应随市场而行，离场观望。

期货价格在正三角形中运行，如果期货价格发展到正三角形尾端才突破斜边，则其突破后的涨跌力道会大打折扣，会相对减弱。这是由于多空双方长时间对峙，双方消耗大，故在三角形尾端短兵相接时，双方力量均不足以做大波浮动。一般来说，期货价格在三角形斜边的三分之二处突破时，涨跌力度会最大。

在正三角形中，期货价格向下突破斜边时，成交量不会立刻大幅增加，大约在跌破斜边后的三至四天内才会逐步增加，故期货价格向下突破时突放巨量时，有可能是庄家制造的空头陷阱，期货价格后期走势不是下跌，而是上升。

在正常的正三角形走势中，成交量应是从左至右逐渐递减的，如果成交量在此期间忽大忽小，这时期货价格向上突破时最不可信任，一般都为假突破。

三角形在向上突破斜边后，且带巨量，期货价格往往会出现短暂性的“回抽”，其回抽的终点大致会在三角形尾部的尖端上，这里是多空双方力量的凝聚点。多方占优，后市将有一段不俗的涨幅。

在经过大跌后出现正三角形形态，一般只是空方稍作休息，不久又会开始新一轮的跌势，此三角形也可称“逃命三角形”，投资者在此应密切注意。

综上所述，投资者在对待正三角形形态时，少动多看，待期货价格正式有效突破后，再伺机而动。

2. 上升三角形形态

所有三角形形态中最显著的一个共同点就是：期货价格波动的幅度从左至右逐步减小，多空双方的防线逐步靠近，且成交量也逐步趋减，直至双方接火，成交量放大。

上升三角形，顾名思义，其趋势为上升势态，从形态上看，多方占优，空方较弱，多方的强大买盘逐步将期货价格的底部抬高，而空方能量不足，只是在一水平颈线位做抵抗。从K线图中可绘制低点与低点相连，出现由左至右上方倾斜的支撑线，而高点与高点相连，基本呈水平位置。单纯从图形看，让人感觉期货价格随时会向上突破，形成一波涨势。但技术分析不能带有单一性，一般形态派人士将期货价格形态作为一个重点，但他也不会忽视形态内成交量的变化。在上升三角形形态内的成交量也是从左至右呈递减状态，但当它向上突破水平颈线时的那一刻，必须要有大成交量的配合，否则成交量太小的话，期货价格将会出现盘整的格局，从图形上走出失败形态。如果在上升三角形形态内的成交量呈不规则分布，则维持盘整的概率要大。

期货价格形态一旦出现上升三角形走势时，后市通常是乐观的，但这种形态被广大投资者掌握，庄家会利用此形态制造“陷阱”，引诱散户买入股票，自己趁机在水平颈线位出货。一般来说，在上升三角形形态内，“假突破”的现象不是太多。

由于上升三角形属于强势整理，期货价格的底部在逐步抬高，多头买盘踊跃，而庄家也趁此推舟，一举击溃空方。如果庄家在颈线位出货的话，期货价格回跌的幅度也不会太大，最多会跌至形态内低点的位置，而将上升三角形形态破坏，演变为矩形整理。

所以说，上升三角形突破成功的话，突破位为最佳买点，后市则会有一波不俗的涨幅。如果上升三角形突破失败的话，顶多会承接形态内的强势整理而出现矩形整理，形成头部形态的概率也不会太大。

3. 下降三角形形态

下降三角形同上升三角形一样属于正三角形的变形，只是多空双方的能量与防线位置不同。下降三角形属于弱势盘整，卖方显得较积极，抛出意愿强烈，不断将期货价格压低，从图形上造成压力颈线从左向右下方倾斜，买方只是将买单挂在一定的价格，造成在水平支撑线抵抗，从而在K线图中形成下降三角形形态。

在下降三角形形态内的成交量同上升三角形一样呈现出由左至右递减状态，但不同的是，期货价格在向下突破水平支撑线时，却不需要大成交量的配合，在突破时，只要是买盘减少，空方便会用小成交量突破多方防线。

在下降三角形形态内，许多投资者在未跌破水平支撑位时，会以为其水平支撑位有效强支撑，而当作底部形态认可，其实这种形态不可贸然确认底部。特别是大多数人都将它确认为底部区域时，应更加小心。这是由于大家都认为是底部而在此区域吃货，导致庄家没有办法大量收集到低成本筹码，此时庄家也会在市场上收集一部分筹码，作为向下打压的工具，在一定的时候庄家的突然杀出抛单，令多方无从招架，而一举击破支撑线。此时，散户的心理防线也被击破，失望性抛盘一拥而出，加速了期货价格的下跌，而庄家会在低位乘机吸纳低价筹码。

在其他三角形形态中，如果期货价格发展到三角形的尾端仍无法有效突破颈线时，其多空力道均已消耗完，形态会失去原有意义。但下降三角形是个例外。当期货价格发展至下降三角形尾端时，期货价格仍会下跌。

在下降三角形形态被突破后，其期货价格也会有“回抽”的过程，回抽的高度一般也就在水平颈线附近。这是由于期货价格向下突破，原水平支撑变为水平压力，在此位置，获利盘与逃命盘涌出，期货价格将会继续大幅下跌。

所以在下降三角形形态出现时，投资者不可贸然将支撑线当作底部区域，更不可贸然吃货，要等待真正底部出现时再进场不迟。

4. 回抽

由于近年来证券投资领域中技术分析不断普及，许多投资者都认识到了期货价格一旦突破颈线压力，后市看好。但是还有一部分投资者在“真突破”时及时跟进，后来割肉出局的，这就是由于投资者持股信心不足，在期货价格“回抽”的过程中被震荡出局的。

所谓“回抽”，就是期货价格向某一方向发展并突破颈线后，在数天内期货价格会重新回到颈线位测试是否突破成功，此时的颈线或由压力变为支撑、或由支撑变为压力，这种期货价格暂时回归的现象在业内被称之为“回抽”。回抽不仅仅发生在向上突破（即升势），也同样会在向下突破（即跌势）后出现。

当期货价格向上突破压力颈线后，一般都以为后市会有一波不错的涨升，于是大量散户紧紧尾随。由于坐轿的人多，抬轿的人少，不利于庄家的抬升，故在期货价格正式展开攻势之前，庄家会进行回抽震仓，期货价格调头向下，将一些缺乏信心的投机者震荡出局，然后轻装上阵，展开攻势，不断将期货价格推高。这正好印证了“欲进则退”这条成语。回抽现象在升势中出现，不但可以将一些浮动筹码清理干净，还可以将回抽作为突破信号的确认依据。“真突破”的行情，在突破压力后，原来的颈线压力则会变成颈线支撑，并在2至5天内，期货价格会重新回头测试颈线支撑，并在测试完成后，重新回到上涨的轨道。如果在期货价格回抽的过程中，再度跌破颈线，那么这种突破则属于假突破。

反过来，在下跌走势中，当颈线支撑被跌破之后，大约在2至5天内，期货价格会反弹回抽到颈线位置，此时，原支撑则变为压力，回抽也就是最后的逃命机会。

在真突破走势时，为了减少损失，不少投资者将卖单挂在颈线位附近，形成极大的抛压，故回抽的力度则到此为止，然后期货价格则会加速下跌。但在假突破时，庄家会在回抽时，一鼓作气将期货价格重新推至颈线位之上，庄家不仅把所有看空盘一扫而光，更迫使空仓的投资者高位回补，造成“假突破”。

总的来说，回抽是多、空方展开攻势的前奏，并在此测试支撑或压力是否有效，也是测试突破成功与否的重要依据，同样也是庄家制造陷阱的好时候，所以投资者应审时度势，充分利用好回抽现象，以提高自己的操作技巧。

5. 旗形形态

旗形属于形态分析的产物，是一种期货价格盘整态势，一般出现在极端行情中。顾名思义，其形态表现在 K 线图中，好像一面挂在旗杆上的旗子。在股市中，不论多么强势的行情，期货价格不可能不停地上涨或下跌，都会有休息的时候，休息好后再继续朝原方向发展。在行情休息的时候，期货价格形态上会走出旗形形态。旗形形态也可以说是多方或空方的加油站，一般停留时间不长，一旦加满油，期货价格将再次启动。

在极端多头市场中，期货价格大幅攀升至一处压力位，这一段涨幅被称为“旗杆”，然后开始进行旗形整理，其图形会形成由左向右下方倾斜的平行四边形，从某种角度又可以认为是一个短期内的下降通道。在形态内的成交量呈递减，由于旗形属强势整理，所以成交量不能过度萎缩，而要维持在一定的水平。但期货价格一旦完成旗形整理，向上突破的那一刻，必然会伴随大的成交量，而后期货价格大幅涨升，其上涨幅度将达到旗杆的价差，且涨升速度快，上涨角度接近垂直。一段强势行情，其整理时间必定不会太长，一般在 5 至 10 天左右。如果整理时间太长，容易涣散人气，其形态的力道也会逐渐消失，而不能在将它当旗形看待。

在极端空头市场中，旗形为由左向右下方倾斜的平行四边形，也可看作短期内的上行通道，但随时期货价格会在大成交量的伴随下突破颈线，大幅滑落。所以在旗形中，投资者不要博差价，应尽量出局，以免期货价格再次下跌后，形成“二度套牢”。

一般来说，旗形在上升趋势中出现，会引发下一波的大涨。在下跌趋势中出现旗形，会引发下一波的大跌。旗形在这里起到了加速度的作用。投资者在上升趋势中遇到旗形则应加码买进，在下跌趋势中则应及时出局，以免套牢。

6. 楔形形态

楔形形态与旗形形态相类似，都属于短期内的调整形态，其形成原因皆为期货价格前期有一段“急行军”，期货价格波动幅度大，且角度接近垂直，形成旗杆，多方或空方经过一段冲刺后，期货价格在短期内呈反向小幅回调，而形成楔形或旗形。从形态上看，两种图形都像挂在旗杆上的旗子，只是旗形为平行四边形，而楔形则为上下两条颈线，会在短期内交叉，形成一扁长的三角形，形如三角旗。在上升趋势中，楔形为从左向右下方倾斜的三角形，在下跌趋势中，楔形为从左向右上方倾斜的三角形。

楔形形态内的成交量，也是由左向右递减的，但它的成交量不像旗形维持在一定的水平上，而是萎缩较快，其形态内的期货价格波动幅度，也比旗形小得多。同样，楔形整理的时间不宜太长，一般在 8 至 15 日内，时间太久的话，形态力道将消失，也可能造成期货价格反转的格局。

在上升趋势中出现楔形，预示后市看好。在期货价格向上突破颈线时成交量并不一定要放大，而是在未来的涨势中，逐步增量，直至目标位。在下跌趋势中，期货价格在楔形整理后，向下突破时成交量也不需要放大，这是由于楔形整理时间较旗形整理时间长，多方或空方激情性、情绪化操作减少造成的。

楔形与旗形还有一点不同的是，旗形整理突破后，期货价格加速上扬，可以说是飙升，而楔形突破后，期货价格走势比较理性，呈温和上扬态势，在气势上不如旗形突破后有震撼力，但期货价格未来走势易于把握。

楔形与旗形的出现都是行情还未结束的表现，这两种形态都有期货价格稍作休息，多方或空方暂作调整，以便继续有力量朝某一方向运动的作用。同时，它们也起到了调整角度的作用。一般来说，期货价格不论上涨还是下跌，其走势角度以45度为基准线，当期货价格角度太陡，或偏离45度时，期货价格会产生向45度修正的惯性，基于此，期货价格走势呈旗杆时，其角度以偏离45度，因此期货价格会利用楔形或旗形做横向修正，以补给多方或空方后续攻击的能量。

7. 箱形形态

箱形也被称为矩形，是一种标准的横向盘整形态。形成原因是期货价格走势每一次上涨时，总是在同一位置遭到空方的抛压而回挡；期货价格每一波回落时，也大约在同一位置获得多方的支撑而反弹，连接每一次的反弹高点成一条水平压力颈线，连接每一次回挡低点而形成一条水平支撑颈线，压力与支撑之间形成矩形，也就是箱形，期货价格在一段时间内会在箱体中波动，而形成箱形整理。

箱形整理可能会发生在头部区域，也可能发生在底部区域，但是一般都出现在期货价格上涨或下跌的途中。如果箱形形态出现在头部或底部，且整理时间太长，则形态会有演变成圆弧顶或圆弧底的可能。

箱形整理一般是由于多空双方都对未来走势充满信心，实力均衡，各自坚守阵地，因而造成期货价格在箱体来回波动，无明显上涨或下跌趋势。在形态内，多空双方你来我往，各不相让，形成长时间的拉锯战。在形态形成的初期，由于多空双方信心十足，有力道，则形态内初期的成交量较大，但随着时间的推移，多空双方消耗增大，战斗力削弱，加之投资者对后市判断不明，导致人气涣散，纷纷离场观望，所以箱形形态内的成交量随着时间的推移而减少，呈递减状，但各自的防线仍遥遥相望，呈均衡对峙。

箱形整理时间一般较长，但期货价格总会有突破的时候。形态内多空双方均多次互相突破未遂，到底哪次突破才会是真突破呢？判断突破仍需要靠观察成交量的变化来判断。一般来说，不论期货价格向上或向下突破，成交量激增都应视为突破的信号。期货价格突破后数天内，期货价格会回抽至颈线压力或颈线支撑附近测试突破是否成功。如果箱形比较狭长时，其突破后的回抽，期货价格会在颈线附近停留一段时间。

在箱形整理期间，投资者如无把握则离场观望。如果是短线投机高手的话，则可在箱体内来回搏差价，在颈线支撑附近买进，在颈线压力附近抛出，来回利用作用力与反作用力高抛低吸，实施箱形操作法。

8. 圆弧底形态

圆弧底形态属于一种盘整形态，多出现在期货价格底部区域，是极弱势行情的典型特征。其形态表现在K线图中宛如锅底状。

圆弧底形态的形成是由于期货价格经过长期下跌之后，卖方的抛压逐渐消失，空方的能量基本上已释放完毕，许多的高位深度套牢盘，因期货价格跌幅太大，只好改变操作策略，继续长期持股不动。但由于短时间内买方也难以汇集买气，期货价格无法上涨，加之此时期货价格元气大伤，期货价格只有停留在底部长期休整，以恢复元气，行情呈极弱势。持股人不愿割肉，多头也不愿意介入，期货价格陷入胶着，期货价格振幅小的可怜，此时，期货价格便会形成圆弧底形态，该形态也被称之为期货价格“休眠期”。

在圆弧底形态中，由于多空双方皆不愿意积极参与，期货价格显得异常沉闷，这段时间也显得漫长，大约需要4到5个月的时间，甚至更长。在形态内成交量极小，单日成交有时几分钟才成交一笔。由于期货价格低，某些有心炒作的庄家会在此形态内吸货。长时间的窄幅波动，使一些投资者因资金问题而出现一些抛盘，而庄家却不动声色地乘机吸纳廉价筹码，因庄家炒作需大量低成本筹码，故庄家在此吸货时采取耐心等待的策略，守株待兔，从不抬高期货价格积极吸纳，也使得其吸货周期较长。

圆弧底形态通常是庄家吸货区域，由于其炒作周期长，故在完成圆弧底形态后，其涨升的幅度也是惊人的。投资者如在圆弧底形态内买进，则要注意庄家在启动期货价格前在平台上的震仓。期货价格在完成圆弧底形态后，在向上挺升初期，会吸引大量散户买盘，给庄家后期拉抬增加负担，故庄家会让期货价格再度盘整，而形成平台整理，清扫出局一批浮动筹码与短线客，然后再大幅拉抬期货价格。在期货价格上涨途中，庄家不断地利用旗形与楔形调整上升角度，延续涨升幅度。所以，圆弧底形态从某种角度上也可谓黎明前的黑暗。在形态内，期货价格貌似平静如水，实际上是在酝酿着一波汹涌的滔天大浪。

9. 圆弧顶形态

圆弧顶形态同圆弧底形态一样属于期货价格横向波动，但其外观走势与圆弧底正好相反，其图形所预示的后期走势也截然不同。圆弧底形态是在期货价格底部区域酝酿上升行情，是庄家吸货区域；而圆弧顶形态则是在头部区域蕴藏着一波跌势，是庄家出货的特征。

圆弧顶的形成是由于期货价格在经过一段长期的拉升之后，达到庄家预定或理想的目标位，加之市场缺乏利多的刺激，买气不足，期货价格无法继续上行，庄家不能快速出逃大量获利筹码，必然会将期货价格暂时维持在一个稳定的状态，再伺机逐步出货。而此时如果庄家强行出货，会造成期货价格的大幅下跌，庄家更难以出局。故在此情况下，庄家一面护盘一面出货，期货价格在经过这一段长时间的横向波动后，便形成了圆弧顶形态。

圆弧顶形态不能以单一的形态外观作为判断依据，在 K 线图中，有些短时间的弧形不能将其视为圆弧顶，其形态有其他的含义存在。圆弧顶的构成，须有以下特征：

一是圆弧顶走势一般不会出现在小盘股或垃圾股上，通常发生在绩优股或大盘股上，这类股票投机气氛不浓，所以在头部区域不易见到急速反转走势；

二是圆弧顶走势时间周期较长，至少需要 2 个月以上，有的甚至长达 4 个月以上；

三是圆弧顶形态内的成交量，不会像圆弧底呈萎缩状，而是呈现较高且不规则的起伏。

圆弧顶形态内期货价格为何长期不跌呢？首先这是由于股票的市场形象较好，大多数投资者对后市仍抱有乐观态度，加之庄家为了达到出货的目的，会在形态的时间期间内，用股票的消息面加以配合，吸引散户买入，这样一可以减轻自己的护盘压力，二可以悄悄高位出货。庄家一旦出货基本完毕，便会利用手中的剩余筹码打压行情，期货价格在经过长时间高位盘整后，已无力反抗，期货价格一日千里。在初期的跌势中，一般都会以跳空低开的方式下跌，而盘中则根本无反弹的能力。投资者在实际中一旦发现圆弧顶形成，不要心存侥幸，坚决出货，期货价格从此便步入漫漫“熊”途。

10. W 底形态

W 底形态是形态学中一个重要的形态，其走势外观如英文字母“W”。W 底形态属于一种中期底部形态，一般发生于期货价格波段跌势的末期，不会出现在行情趋势的中途，一段中期空头市场，必须会以一段中期底部与其相对应，也就是说，一个 W 底所酝酿的时间，有其最少的周期规则，所以 W 底的形态周期是判断该形态真伪的必要条件。

W 底的构成要素，有以下两大条件。

（1）W 底第一个低点与第二个低点之间，两者至少必须距离一个月的时间，市场中有时候会出现短期的双底走势，这不能算作 W 底，只能算是小行情的反弹底，且常为一种诱多陷阱。

（2）第一个低点的成交量比较大，触底回升时的成交量也颇多，然而，第二个低点的成交量却异常沉闷，并且，第二个低点的外观通常略呈圆弧形。所以说，W 底形态有左尖右圆的特征。

W 底形态的形成是由于期货价格长期下跌后，一些看好后市的投资者认为期货价格已很低，具有投资价值，期待性买盘积极，期货价格自然回升，但是这样会影响庄家吸纳低价筹码，所以在庄家的打压下，期货价格又回到了第一个低点的位置，形成支撑。这一次的回落，打伤了投资者的积极性，故成交量萎缩，形态呈圆弧状。W 底形态内有两个低点和两次回升，从第一个高点可绘制出一条水平颈线压力，期货价格再次向上突破时，必须要伴随大成交量突破，W 底才算正式成立。如果向上突破不成功，则期货价格要继续横向整理。期货价格在突破颈线后，颈线压力变为颈线支撑，期货价格在此时会出现回抽，期货价格暂时回档至颈线位附近，回抽结束，期货价格则开始波段上涨。

一般来说，W 底形态的第二个低点最好比第一个低点低，这样可制造破底气氛，让散户出局，从而形成一个筹码相对集中的底部，以利于庄家的拉抬。

11. M 头形态

M 头形态正好是 W 底形态的倒置，其期货价格走势犹如英文字母“M”，属于一种头部盘整形态，从另一种角度来看，也可以算作是头部区域的箱形整理态势。

期货价格在头部反转的过程中，除了“单日反转”这种情况外，通常都会经过一个盘头的过程，盘头的形态有好几种，有圆弧顶、M 头、头尖顶等。M 头的形成是由于市场经过一段长时间的多头趋势后，期货价格涨幅已大，一些投资者获利颇丰，产生一种居高思危的警觉，因此，当期货价格在某一阶段遭突发利空时，大量的获利回吐盘会造成期货价格暂时的加速下跌。期货价格在经过短期的下跌后，获得支撑又回头向上和缓攀升，在温和态势中，期货价格越过前次的高点，并在随后立即下跌，形成 M 头形态。

由于 M 头的杀伤力颇大，故投资者在判断其形态真伪时需了解以下几点。

（1）M 头形态内的两个高点间隔的时间必须在一个月以上，由于大家警觉，现在会有提前量，周期会相对缩短。在形态上，右边的高点外观，不像左边的高点那么尖，略呈圆弧形，这是因为在形态内的左边高点发生快速反转时，庄家手中的持股无法出局，因此庄家在二次回升时，制造涨势未尽的氛围，趁期货价格突破左边高点时诱多，然后开始清仓，但庄家的大量筹码无法短时间出完，所以右边的高点，通常会停留一段时间，以便庄家逐步出逃。

（2）M 头形态内成交量的特点是左边高点位置的成交量为最大，而后下跌，成交量萎缩，待期货价格回升创新高时，成交量会增加，但无法超越左边高点位置的成交量，呈典型的价量背离，期货价格回跌的可能性较大。

（3）在 M 头形态内第一次回跌的低点可绘制一条水平支撑颈线，期货价格在二次回跌至此支撑线并突破时，不需要大的成交量的配合，期货价格走势也不会在此位置形成徘徊，而是一种义无反顾地直接下跌趋势。而后期货价格会有回抽，回抽完成后，将引发波段性下跌。

五、常用技术指标

（一）移动平均线的使用

各种期货交易分析系统都有各种移动平均线供你使用，关键在于如何选择。下面我们试着概括一下。大部分分析者使用双移动平均线或三移动平均线的组合。其中，各种平均值均由收市价算得。最常用的移动平均值天数为5天、10天、20天和40天，或者是这些数字的某种变通（例如4天、9天、18天）。一个期货品种必定会有一组最佳的移动平均线，选择最佳的移动平均线组合，需要计算机进行复杂的运算，目前一般的投资者很难做到。但是，投资者可以对某一期货品种的移动平均线组合进行比较，选择适合自己的、比较好的移动平均线组合。

利用移动平均线买卖的方法大致有以下几种。

第一，收市价高于平均线时买入；收市价低于平均线时卖出。

第二，当市价由下而上涨超越平均线时买入；当市价由上而下跌破平均线时卖出。

第三，利用两条时间长短不同的移动平均线买卖。当短期移动平均线由下而上，涨过长期移动平均线时买入；如果短期移动平均线由上而下，跌穿长期移动平均线时卖出。

第四，当收市价高于短期、长期两条移动平均线时买入，当价位低于其中一条平均线时马上平仓；当收市价低于短期、长期两条移动平均线时卖出，当价位高于其中一条平均线时立刻平仓等等。

利用移动平均线的买卖方法很多，共同特点是着重于基本走势，而不理会价格的一时波动。缺点是应变能力不行。

（二）相对强弱指数（RSI）

相对强弱指数（Relative Strength Index）是反映市场气势强弱的指标，它通过计算某一段时间内价格上涨时的合约买进量占整个市场中买进与卖出合约总量的份额，来分析市场超买和超卖情况及市场多空力量对抗态势，从而判断买卖时机。

相对强弱指数的计算分两步：第一，计算价格变动之和。使用的价格为收盘价。选定若干天作为计算的基础，若其中数日市场收盘价较前日收盘价上升，以较高的收盘价减去较低的收盘价，并逐一相加得出若干天中价格的升幅之和；同理可以计算出若干天中价格的跌幅之和。第二，计算RSI值，公式为：

RSI = 100 - 100 ×（价格跌幅之和）/（价格跌幅之和 + 价格升幅之和）

即 RSI = 100 - 100 ×（价格跌幅之和）/（价格升跌幅之总和）

根据采样的天数可以计算多种RSI，如6日RSI、12日RSI、24日RSI。一般大多采用6日RSI。RSI的值在0到100之间。值越大，表明市场上卖气越弱、买气越强；值越小，说明市场上买气越弱，卖气越强。一般说，RSI值超过75或80为超买区，低于20或25为超卖区。

通常将RSI值和移动平均线、K线图等画在一起，以移动平均线或K线图观测市场趋势，以RSI值图分析市场买卖双方力量对比的变动，相互补充。使用RSI值图的技术分析者最看重的是与RSI值图的背离。当新的RSI值低于前高点而价格线却创新高点时，表明上升趋势可能逆转，当RSI降低到以前的低点时逆转便成定局。跌势逆转的判断相反。

但是，运用相对强弱指数测市时，除了应注意背离走势外，还应注意切不可因为相对强弱指数已进入超买超卖区便盲目入市。因为，在超买超卖区内，有时即使相对强弱指数的微幅波动，价位也可能持续大涨或大跌。也就是说，在“一边倒”的行情中，相对强弱指数可能失真。

（三）随机指标（KD）

随机指标，又称KD线，是指以K线和D线的组合变化来说明市场价格变化的技术指标。K值是当前收盘价处于当期极点高价与低价差额的相对比例。比例高显示当前市价偏向靠近极点高价，比例低显示当前市价偏向靠近极点低价，通过水平变动的数值，可以说明市场内部动力的增减情况。D值是累积极点高低价差额，比较当前市价处于当期极点高低价差额的总和，然后再求出相对比例。将K、D值画在坐标图中，连点成线，就可得到K线、D线。

同相对强弱指数一样，随机指标的值介于0~100，它们的变动同样可以反映市场买卖双方的力量对比。K、D值越高，买气越盛，卖气越弱；相反则买气越弱，卖气越盛。K、D值达到70或75以上时，市场处于超买状态；低于25或30时，市场处于超卖状态。

如果市场处于明显的涨势，它会先带动K线上升，然后带动D线；如果市场处于显著的跌势，同样是先带动K线下跌，其次才是D线。当K线从下穿过D线时，特别是两线相交且上升时，证明市场走势向上，应买入合约，当K线从上向下穿过D线时，特别是两线相交且下跌时，证明市场走势向下，应卖出合约。

（四）指数平滑异同移动平均线（MACD）

指数平滑异同移动平均线（Moving Average Convergence/Dieregence Trading Method），是运用快速与慢速的移动平均线聚合与分离的特点，加以双重平滑运算，用以研判买卖时机。是对中期行情趋势进行分析研判的一种常用辅助工具。

在应用上应先算出短期移动平均线与长期移动平均线，再测量出这两个数值的差离值，即：短期移动平均线之值-长期移动平均线之值。在持续涨势中，短期移动平均线会在长期移动平均线之上，其间的正差离值（+DIF）会越来越大；反之在跌势中，负差离值（-DIF）亦会增大。在行情开始回转时，正或负差离值会缩小。计算公式为：

$$MACD = DIF - DEM$$

其中，DIF为快速移动平均线与慢速移动平均线之差；DEM为DIF的移动平均线，即 $DEM = \sum(DIF)/N$，N通常以9天计算。在一般使用上，短期均线以12天及25天较普遍，长期均线以26天或50天较普遍，即MACD（12、26、9）或MACD（25、50、9）。

通常情况下，当DIF与DEM在0轴线之上，是为多头市场；反之则为空头市场。当DIF向上突破DEM与0轴线，为买进信号；但若仍在0轴线以下，仅适宜空头平仓。当DIF向下跌破DEM与0轴线，为卖出信号；但若仍在0轴线以上，仅适宜多头平仓。当K线图上，期价一头比一头高，MACD图形却一头比一头低，或者反之，则称之为“背离讯号”，通常有较强的测市意义。

任务描述2-1

按照教师指定的合约，根据技术指标分析建仓方式，并写出相关建仓原因，制作ppt进行展示。

附录

期货交易管理条例

（2007 年 2 月 7 日国务院第 168 次常务会议通过 2007 年 3 月 6 日国务院令第 489 号公布 根据 2012 年 10 月 24 日国务院令第 627 号《关于修改〈期货交易管理条例〉的决定》第一次修订 根据 2013 年 7 月 18 日国务院令第 638 号《关于废止和修改部分行政法规的决定》第二次修订 根据 2016 年 2 月 6 日国务院令第 666 号《关于修改部分行政法规的决定》第三次修订）

第一章 总 则

第一条 为了规范期货交易行为，加强对期货交易的监督管理，维护期货市场秩序，防范风险，保护期货交易各方的合法权益和社会公共利益，促进期货市场积极稳妥发展，制定本条例。

第二条 任何单位和个人从事期货交易及其相关活动，应当遵守本条例。

本条例所称期货交易，是指采用公开的集中交易方式或者国务院期货监督管理机构批准的其他方式进行的以期货合约或者期权合约为交易标的的交易活动。

本条例所称期货合约，是指期货交易场所统一制定的、规定在将来某一特定的时间和地点交割一定数量标的物的标准化合约。期货合约包括商品期货合约和金融期货合约及其他期货合约。

本条例所称期权合约，是指期货交易场所统一制定的、规定买方有权在将来某一时间以特定价格买入或者卖出约定标的物（包括期货合约）的标准化合约。

第三条 从事期货交易活动，应当遵循公开、公平、公正和诚实信用的原则。禁止欺诈、内幕交易和操纵期货交易价格等违法行为。

第四条 期货交易应当在依照本条例第六条第一款规定设立的期货交易所、国务院批准的或者国务院期货监督管理机构批准的其他期货交易场所进行。

禁止在前款规定的期货交易场所之外进行期货交易。

第五条 国务院期货监督管理机构对期货市场实行集中统一的监督管理。

国务院期货监督管理机构派出机构依照本条例的有关规定和国务院期货监督管理机构的授权，履行监督管理职责。

第二章 期货交易所

第六条 设立期货交易所，由国务院期货监督管理机构审批。

未经国务院批准或者国务院期货监督管理机构批准，任何单位或者个人不得设立期货交易场所或者以任何形式组织期货交易及其相关活动。

第七条 期货交易所不以营利为目的，按照其章程的规定实行自律管理。期货交易所以其全部财产承担民事责任。期货交易所的负责人由国务院期货监督管理机构任免。

期货交易所的管理办法由国务院期货监督管理机构制定。

第八条 期货交易所会员应当是在中华人民共和国境内登记注册的企业法人或者其他经济组织。

期货交易所可以实行会员分级结算制度。实行会员分级结算制度的期货交易所会员由结算会员和非结算会员组成。

第九条 有《中华人民共和国公司法》第一百四十七条规定的情形或者下列情形之一的，不得担任期货交易所的负责人、财务会计人员：

（一）因违法行为或者违纪行为被解除职务的期货交易所、证券交易所、证券登记结算机构的负责人，或者期货公司、证券公司的董事、监事、高级管理人员，以及国务院期货监督管理机构规定的其他人员，自被解除职务之日起未逾5年；

（二）因违法行为或者违纪行为被撤销资格的律师、注册会计师或者投资咨询机构、财务顾问机构、资信评级机构、资产评估机构、验证机构的专业人员，自被撤销资格之日起未逾5年。

第十条 期货交易所应当依照本条例和国务院期货监督管理机构的规定，建立、健全各项规章制度，加强对交易活动的风险控制和对会员以及交易所工作人员的监督管理。期货交易所履行下列职责：

（一）提供交易的场所、设施和服务；

（二）设计合约，安排合约上市；

（三）组织并监督交易、结算和交割；

（四）为期货交易提供集中履约担保；

（五）按照章程和交易规则对会员进行监督管理；

（六）国务院期货监督管理机构规定的其他职责。

期货交易所不得直接或者间接参与期货交易。未经国务院期货监督管理机构审核并报国务院批准，期货交易所不得从事信托投资、股票投资、非自用不动产投资等与其职责无关的业务。

第十一条 期货交易所应当按照国家有关规定建立、健全下列风险管理制度：

（一）保证金制度；

（二）当日无负债结算制度；

（三）涨跌停板制度；

（四）持仓限额和大户持仓报告制度；

（五）风险准备金制度；

（六）国务院期货监督管理机构规定的其他风险管理制度。

实行会员分级结算制度的期货交易所，还应当建立、健全结算担保金制度。

第十二条 当期货市场出现异常情况时，期货交易所可以按照其章程规定的权限和程序，决定采取下列紧急措施，并应当立即报告国务院期货监督管理机构：

（一）提高保证金；

（二）调整涨跌停板幅度；

（三）限制会员或者客户的最大持仓量；

（四）暂时停止交易；

（五）采取其他紧急措施。

前款所称异常情况，是指在交易中发生操纵期货交易价格的行为或者发生不可抗拒的突发事件以及国务院期货监督管理机构规定的其他情形。

异常情况消失后，期货交易所应当及时取消紧急措施。

第十三条 期货交易所办理下列事项，应当经国务院期货监督管理机构批准：

（一）制定或者修改章程、交易规则；

（二）上市、中止、取消或者恢复交易品种；

（三）国务院期货监督管理机构规定的其他事项。

国务院期货监督管理机构批准期货交易所上市新的交易品种，应当征求国务院有关部门的意见。

第十四条 期货交易所的所得收益按照国家有关规定管理和使用，但应当首先用于保证期货交易场所、设施的运行和改善。

第三章 期货公司

第十五条 期货公司是依照《中华人民共和国公司法》和本条例规定设立的经营期货业务的金融机构。设立期货公司，应当在公司登记机关登记注册，并经国务院期货监督管理机构批准。

未经国务院期货监督管理机构批准，任何单位或者个人不得设立或者变相设立期货公司，经营期货业务。

第十六条 申请设立期货公司，应当符合《中华人民共和国公司法》的规定，并具备下列条件：

（一）注册资本最低限额为人民币3000万元；

（二）董事、监事、高级管理人员具备任职条件，从业人员具有期货从业资格；

（三）有符合法律、行政法规规定的公司章程；

（四）主要股东以及实际控制人具有持续盈利能力，信誉良好，最近3年无重大违法违规记录；

（五）有合格的经营场所和业务设施；

（六）有健全的风险管理和内部控制制度；

（七）国务院期货监督管理机构规定的其他条件。

国务院期货监督管理机构根据审慎监管原则和各项业务的风险程度，可以提高注册资本最低限额。注册资本应当是实缴资本。股东应当以货币或者期货公司经营必需的非货币财产出资，货币出资比例不得低于85%。

国务院期货监督管理机构应当在受理期货公司设立申请之日起6个月内，根据审慎监管原则进行审查，作出批准或者不批准的决定。

未经国务院期货监督管理机构批准，任何单位和个人不得委托或者接受他人委托持有或者管理期货公司的股权。

第十七条 期货公司业务实行许可制度，由国务院期货监督管理机构按照其商品期货、金融期货业务种类颁发许可证。期货公司除申请经营境内期货经纪业务外，还可以申请经营境外期货经纪、期货投资咨询以及国务院期货监督管理机构规定的其他期货业务。

期货公司不得从事与期货业务无关的活动，法律、行政法规或者国务院期货监督管理机构另有规定的除外。

期货公司不得从事或者变相从事期货自营业务。

期货公司不得为其股东、实际控制人或者其他关联人提供融资，不得对外担保。

第十八条 期货公司从事经纪业务，接受客户委托，以自己的名义为客户进行期货交易，交易结果由客户承担。

第十九条 期货公司办理下列事项，应当经国务院期货监督管理机构批准：

（一）合并、分立、停业、解散或者破产；

（二）变更业务范围；

（三）变更注册资本且调整股权结构；

（四）新增持有5%以上股权的股东或者控股股东发生变化；

（五）国务院期货监督管理机构规定的其他事项。

前款第三项、第五项所列事项，国务院期货监督管理机构应当自受理申请之日起20日内作出批准或者不批准的决定；前款所列其他事项，国务院期货监督管理机构应当自受理申请之日起2个月内作出批准或者不批准的决定。

第二十条 期货公司或者其分支机构有《中华人民共和国行政许可法》第七十条规定的情形或者下列情形之一的，国务院期货监督管理机构应当依法办理期货业务许可证注销手续：

（一）营业执照被公司登记机关依法注销；

（二）成立后无正当理由超过3个月未开始营业，或者开业后无正当理由停业连续3个月以上；

（三）主动提出注销申请；

（四）国务院期货监督管理机构规定的其他情形。

期货公司在注销期货业务许可证前，应当结清相关期货业务，并依法返还客户的保证金和其他资产。期货公司分支机构在注销经营许可证前，应当终止经营活动，妥善处理客户资产。

第二十一条 期货公司应当建立、健全并严格执行业务管理规则、风险管理制度，遵守信息披露制度，保障客户保证金的存管安全，按照期货交易所的规定，向期货交易所报告大户名单、交易情况。

第二十二条 从事期货投资咨询业务的其他期货经营机构应当取得国务院期货监督管理机构批准的业务资格，具体管理办法由国务院期货监督管理机构制定。

第四章 期货交易基本规则

第二十三条 在期货交易所进行期货交易的，应当是期货交易所会员。

符合规定条件的境外机构，可以在期货交易所从事特定品种的期货交易。具体办法由国务院期货监督管理机构制定。

第二十四条 期货公司接受客户委托为其进行期货交易，应当事先向客户出示风险说明书，经客户签字确认后，与客户签订书面合同。期货公司不得未经客户委托或者不按照客户委托内容，擅自进行期货交易。

期货公司不得向客户作获利保证；不得在经纪业务中与客户约定分享利益或者共担风险。

第二十五条 下列单位和个人不得从事期货交易，期货公司不得接受其委托为其进行期货交易：

（一）国家机关和事业单位；

（二）国务院期货监督管理机构、期货交易所、期货保证金安全存管监控机构和期货业协会的工作人员；

（三）证券、期货市场禁止进入者；

（四）未能提供开户证明材料的单位和个人；

（五）国务院期货监督管理机构规定不得从事期货交易的其他单位和个人。

第二十六条 客户可以通过书面、电话、互联网或者国务院期货监督管理机构规定的其他方式，向期货公司下达交易指令。客户的交易指令应当明确、全面。

期货公司不得隐瞒重要事项或者使用其他不正当手段诱骗客户发出交易指令。

第二十七条 期货交易所应当及时公布上市品种合约的成交量、成交价、持仓量、最高价与最低价、开盘价与收盘价和其他应当公布的即时行情，并保证即时行情的真实、准确。期货交易所不得发布价格预测信息。

未经期货交易所许可，任何单位和个人不得发布期货交易即时行情。

第二十八条 期货交易应当严格执行保证金制度。期货交易所向会员、期货公司向客户收取的保证金，不得低于国务院期货监督管理机构、期货交易所规定的标准，并应当与自有资金分开，专户存放。

期货交易所向会员收取的保证金，属于会员所有，除用于会员的交易结算外，严禁挪作他用。

期货公司向客户收取的保证金，属于客户所有，除下列可划转的情形外，严禁挪作他用：

（一）依据客户的要求支付可用资金；

（二）为客户交存保证金，支付手续费、税款；

（三）国务院期货监督管理机构规定的其他情形。

第二十九条 期货公司应当为每一个客户单独开立专门账户、设置交易编码，不得混码交易。

第三十条 期货公司经营期货经纪业务又同时经营其他期货业务的，应当严格执行业务分离和资金分离制度，不得混合操作。

第三十一条 期货交易所、期货公司、非期货公司结算会员应当按照国务院期货监督管理机构、财政部门的规定提取、管理和使用风险准备金，不得挪用。

第三十二条 期货交易的收费项目、收费标准和管理办法由国务院有关主管部门统一制定并公布。

第三十三条 期货交易的结算，由期货交易所统一组织进行。

期货交易所实行当日无负债结算制度。期货交易所应当在当日及时将结算结果通知会员。

期货公司根据期货交易所的结算结果对客户进行结算，并应当将结算结果按照与客户约定的方式及时通知客户。客户应当及时查询并妥善处理自己的交易持仓。

第三十四条 期货交易所会员的保证金不足时，应当及时追加保证金或者自行平仓。会员未在期货交易所规定的时间内追加保证金或者自行平仓的，期货交易所应当将该会员的合约强行平仓，强行平仓的有关费用和发生的损失由该会员承担。

客户保证金不足时，应当及时追加保证金或者自行平仓。客户未在期货公司规定的时间内及时追加保证金或者自行平仓的，期货公司应当将该客户的合约强行平仓，强行平仓的有关费用和发生的损失由该客户承担。

第三十五条 期货交易的交割，由期货交易所统一组织进行。

交割仓库由期货交易所指定。期货交易所不得限制实物交割总量，并应当与交割仓库签订协议，明确双方的权利和义务。交割仓库不得有下列行为：

（一）出具虚假仓单；

（二）违反期货交易所业务规则，限制交割商品的入库、出库；

（三）泄露与期货交易有关的商业秘密；

（四）违反国家有关规定参与期货交易；

（五）国务院期货监督管理机构规定的其他行为。

第三十六条 会员在期货交易中违约的，期货交易所先以该会员的保证金承担违约责任；保证金不足的，期货交易所应当以风险准备金和自有资金代为承担违约责任，并由此取得对该会员的相应追偿权。

客户在期货交易中违约的，期货公司先以该客户的保证金承担违约责任；保证金不足的，期货公司应当以风险准备金和自有资金代为承担违约责任，并由此取得对该客户的相应追偿权。

第三十七条 实行会员分级结算制度的期货交易所，应当向结算会员收取结算担保金。期货交易所只对结算会员结算，收取和追收保证金，以结算担保金、风险准备金、自有资金代为承担违约责任，以及采取其他相关措施；对非结算会员的结算、收取和追收保证金、代为承担违约责任，以及采取其他相关措施，由结算会员执行。

第三十八条 期货交易所、期货公司和非期货公司结算会员应当保证期货交易、结算、交割资料的完整和安全。

第三十九条 任何单位或者个人不得编造、传播有关期货交易的虚假信息，不得恶意串通、联手买卖或者以其他方式操纵期货交易价格。

第四十条 任何单位或者个人不得违规使用信贷资金、财政资金进行期货交易。

银行业金融机构从事期货交易融资或者担保业务的资格，由国务院银行业监督管理机构批准。

第四十一条 国有以及国有控股企业进行境内外期货交易，应当遵循套期保值的原则，严格遵守国务院国有资产监督管理机构以及其他有关部门关于企业以国有资产进入期货市场的有关规定。

第四十二条 境外期货项下购汇、结汇以及外汇收支，应当符合国家外汇管理有关规定。

境内单位或者个人从事境外期货交易的办法，由国务院期货监督管理机构会同国务院商务主管部门、国有资产监督管理机构、银行业监督管理机构、外汇管理部门等有关部门制订，报国务院批准后施行。

第五章　期货业协会

第四十三条　期货业协会是期货业的自律性组织，是社会团体法人。

期货公司以及其他专门从事期货经营的机构应当加入期货业协会，并缴纳会员费。

第四十四条　期货业协会的权力机构为全体会员组成的会员大会。

期货业协会的章程由会员大会制定，并报国务院期货监督管理机构备案。

期货业协会设理事会。理事会成员按照章程的规定选举产生。

第四十五条　期货业协会履行下列职责：

（一）教育和组织会员遵守期货法律法规和政策；

（二）制定会员应当遵守的行业自律性规则，监督、检查会员行为，对违反协会章程和自律性规则的，按照规定给予纪律处分；

（三）负责期货从业人员资格的认定、管理以及撤销工作；

（四）受理客户与期货业务有关的投诉，对会员之间、会员与客户之间发生的纠纷进行调解；

（五）依法维护会员的合法权益，向国务院期货监督管理机构反映会员的建议和要求；

（六）组织期货从业人员的业务培训，开展会员间的业务交流；

（七）组织会员就期货业的发展、运作以及有关内容进行研究；

（八）期货业协会章程规定的其他职责。

期货业协会的业务活动应当接受国务院期货监督管理机构的指导和监督。

第六章　监督管理

第四十六条　国务院期货监督管理机构对期货市场实施监督管理，依法履行下列职责：

（一）制定有关期货市场监督管理的规章、规则，并依法行使审批权；

（二）对品种的上市、交易、结算、交割等期货交易及其相关活动，进行监督管理；

（三）对期货交易所、期货公司及其他期货经营机构、非期货公司结算会员、期货保证金安全存管监控机构、期货保证金存管银行、交割仓库等市场相关参与者的期货业务活动，进行监督管理；

（四）制定期货从业人员的资格标准和管理办法，并监督实施；

（五）监督检查期货交易的信息公开情况；

（六）对期货业协会的活动进行指导和监督；

（七）对违反期货市场监督管理法律、行政法规的行为进行查处；

（八）开展与期货市场监督管理有关的国际交流、合作活动；

（九）法律、行政法规规定的其他职责。

第四十七条　国务院期货监督管理机构依法履行职责，可以采取下列措施：

（一）对期货交易所、期货公司及其他期货经营机构、非期货公司结算会员、期货保证金安全存管监控机构和交割仓库进行现场检查；

（二）进入涉嫌违法行为发生场所调查取证；

（三）询问当事人和与被调查事件有关的单位和个人，要求其对与被调查事件有关的事项作出说明；

（四）查阅、复制与被调查事件有关的财产权登记等资料；

（五）查阅、复制当事人和与被调查事件有关的单位和个人的期货交易记录、财务会计资料以及其他相关文件和资料；对可能被转移、隐匿或者毁损的文件和资料，可以予以封存；

（六）查询与被调查事件有关的单位的保证金账户和银行账户；

（七）在调查操纵期货交易价格、内幕交易等重大期货违法行为时，经国务院期货监督管理机构主要负责人批准，可以限制被调查事件当事人的期货交易，但限制的时间不得超过15个交易日；案情复杂的，可以延长至30个交易日；

（八）法律、行政法规规定的其他措施。

第四十八条　期货交易所、期货公司及其他期货经营机构、期货保证金安全存管监控机构，应当向国务院期货监督管理机构报送财务会计报告、业务资料和其他有关资料。

对期货公司及其他期货经营机构报送的年度报告，国务院期货监督管理机构应当指定专人进行审核，并制作审核报告。审核人员应当在审核报告上签字。审核中发现问题的，国务院期货监督管理机构应当及时采取相应措施。

必要时，国务院期货监督管理机构可以要求非期货公司结算会员、交割仓库，以及期货公司股东、实际控制人或者其他关联人报送相关资料。

第四十九条　国务院期货监督管理机构依法履行职责，进行监督检查或者调查时，被检查、调查的单位和个人应当配合，如实提供有关文件和资料，不得拒绝、阻碍和隐瞒；其他有关部门和单位应当给予支持和配合。

第五十条　国家根据期货市场发展的需要，设立期货投资者保障基金。

期货投资者保障基金的筹集、管理和使用的具体办法，由国务院期货监督管理机构会同国务院财政部门制定。

第五十一条　国务院期货监督管理机构应当建立、健全保证金安全存管监控制度，设立期货保证金安全存管监控机构。

客户和期货交易所、期货公司及其他期货经营机构、非期货公司结算会员以及期货保证金存管银行，应当遵守国务院期货监督管理机构有关保证金安全存管监控的规定。

第五十二条　期货保证金安全存管监控机构依照有关规定对保证金安全实施监控，进行每日稽核，发现问题应当立即报告国务院期货监督管理机构。国务院期货监督管理机构应当根据不同情况，依照本条例有关规定及时处理。

第五十三条　国务院期货监督管理机构对期货交易所和期货保证金安全存管监控机构的董事、监事、高级管理人员，实行资格管理制度。

第五十四条　国务院期货监督管理机构应当制定期货公司持续性经营规则，对期货公司的净资本与净资产的比例，净资本与境内期货经纪、境外期货经纪等业务规模的比例，流动资产与流动负债的比例等风险监管指标作出规定；对期货公司及其分支机构的经营条件、风险管理、内部控制、保证金存管、关联交易等方面提出要求。

第五十五条　期货公司及其分支机构不符合持续性经营规则或者出现经营风险的，国务院期货监督管理机构可以对期货公司及其董事、监事和高级管理人员采取谈话、提示、记入信用记录等监管措施或者责令期货公司限期整改，并对其整改情况进行检查验收。

期货公司逾期未改正，其行为严重危及期货公司的稳健运行、损害客户合法权益，或者涉嫌严重违法违规正在被国务院期货监督管理机构调查的，国务院期货监督管理机构可以区别情形，对其采取下列措施：

（一）限制或者暂停部分期货业务；

（二）停止批准新增业务；

（三）限制分配红利，限制向董事、监事、高级管理人员支付报酬、提供福利；

（四）限制转让财产或者在财产上设定其他权利；

（五）责令更换董事、监事、高级管理人员或者有关业务部门、分支机构的负责人员，或者限制其权利；

（六）限制期货公司自有资金或者风险准备金的调拨和使用；

（七）责令控股股东转让股权或者限制有关股东行使股东权利。

对经过整改符合有关法律、行政法规规定以及持续性经营规则要求的期货公司，国务院期货监督管理机构应当自验收完毕之日起3日内解除对其采取的有关措施。

对经过整改仍未达到持续性经营规则要求，严重影响正常经营的期货公司，国务院期货监督管理机构有权撤销其部分或者全部期货业务许可、关闭其分支机构。

第五十六条 期货公司违法经营或者出现重大风险，严重危害期货市场秩序、损害客户利益的，国务院期货监督管理机构可以对该期货公司采取责令停业整顿、指定其他机构托管或者接管等监管措施。经国务院期货监督管理机构批准，可以对该期货公司直接负责的董事、监事、高级管理人员和其他直接责任人员采取以下措施：

（一）通知出境管理机关依法阻止其出境；

（二）申请司法机关禁止其转移、转让或者以其他方式处分财产，或者在财产上设定其他权利。

第五十七条 期货公司的股东有虚假出资或者抽逃出资行为的，国务院期货监督管理机构应当责令其限期改正，并可责令其转让所持期货公司的股权。

在股东按照前款要求改正违法行为、转让所持期货公司的股权前，国务院期货监督管理机构可以限制其股东权利。

第五十八条 当期货市场出现异常情况时，国务院期货监督管理机构可以采取必要的风险处置措施。

第五十九条 期货公司的交易软件、结算软件，应当满足期货公司审慎经营和风险管理以及国务院期货监督管理机构有关保证金安全存管监控规定的要求。期货公司的交易软件、结算软件不符合要求的，国务院期货监督管理机构有权要求期货公司予以改进或者更换。

国务院期货监督管理机构可以要求期货公司的交易软件、结算软件的供应商提供该软件的相关资料，供应商应当予以配合。国务院期货监督管理机构对供应商提供的相关资料负有保密义务。

第六十条 期货公司涉及重大诉讼、仲裁，或者股权被冻结或者用于担保，以及发生其他重大事件时，期货公司及其相关股东、实际控制人应当自该事件发生之日起5日内向国务院期货监督管理机构提交书面报告。

第六十一条 会计师事务所、律师事务所、资产评估机构等中介服务机构向期货交易所和期货公司等市场相关参与者提供相关服务时，应当遵守期货法律、行政法规以及国家有关规定，并按照国务院期货监督管理机构的要求提供相关资料。

第六十二条 国务院期货监督管理机构应当与有关部门建立监督管理的信息共享和协调配合机制。

国务院期货监督管理机构可以和其他国家或者地区的期货监督管理机构建立监督管理合作机制，实施跨境监督管理。

第六十三条 国务院期货监督管理机构、期货交易所、期货保证金安全存管监控机构和期货保证金存管银行等相关单位的工作人员，应当忠于职守，依法办事，公正廉洁，保守国家秘密和有关当事人的商业秘密，不得利用职务便利牟取不正当的利益。

第七章 法律责任

第六十四条 期货交易所、非期货公司结算会员有下列行为之一的，责令改正，给予警告，没收违法所得：

（一）违反规定接纳会员的；

（二）违反规定收取手续费的；

（三）违反规定使用、分配收益的；

（四）不按照规定公布即时行情的，或者发布价格预测信息的；

（五）不按照规定向国务院期货监督管理机构履行报告义务的；

（六）不按照规定向国务院期货监督管理机构报送有关文件、资料的；

（七）不按照规定建立、健全结算担保金制度的；

（八）不按照规定提取、管理和使用风险准备金的；

（九）违反国务院期货监督管理机构有关保证金安全存管监控规定的；

（十）限制会员实物交割总量的；

（十一）任用不具备资格的期货从业人员的；

（十二）违反国务院期货监督管理机构规定的其他行为。

有前款所列行为之一的，对直接负责的主管人员和其他直接责任人员给予纪律处分，处1万元以上10万元以下的罚款。

有本条第一款第二项所列行为的，应当责令退还多收取的手续费。

期货保证金安全存管监控机构有本条第一款第五项、第六项、第九项、第十一项、第十二项所列行为的，依照本条第一款、第二款的规定处罚、处分。期货保证金存管银行有本条第一款第九项、第十二项所列行为的，依照本条第一款、第二款的规定处罚、处分。

第六十五条 期货交易所有下列行为之一的，责令改正，给予警告，没收违法所得，并处违法所得1倍以上5倍以下的罚款；没有违法所得或者违法所得不满10万元的，并处10万元以上50万元以下的罚款；情节严重的，责令停业整顿：

（一）未经批准，擅自办理本条例第十三条所列事项的；

（二）允许会员在保证金不足的情况下进行期货交易的；

（三）直接或者间接参与期货交易，或者违反规定从事与其职责无关的业务的；

（四）违反规定收取保证金，或者挪用保证金的；

（五）伪造、涂改或者不按照规定保存期货交易、结算、交割资料的；

（六）未建立或者未执行当日无负债结算、涨跌停板、持仓限额和大户持仓报告制度的；

（七）拒绝或者妨碍国务院期货监督管理机构监督检查的；

（八）违反国务院期货监督管理机构规定的其他行为。

有前款所列行为之一的，对直接负责的主管人员和其他直接责任人员给予纪律处分，处1万元以上10万元以下的罚款。

非期货公司结算会员有本条第一款第二项、第四项至第八项所列行为之一的，依照本条第一款、第二款的规定处罚、处分。

期货保证金安全存管监控机构有本条第一款第三项、第七项、第八项所列行为的，依照本条第一款、第二款的规定处罚、处分。

第六十六条 期货公司有下列行为之一的，责令改正，给予警告，没收违法所得，并处违法所得1倍以上3倍以下的罚款；没有违法所得或者违法所得不满10万元的，并处10万元以上30万元以下的罚款；情节严重的，责令停业整顿或者吊销期货业务许可证：

（一）接受不符合规定条件的单位或者个人委托的；

（二）允许客户在保证金不足的情况下进行期货交易的；

（三）未经批准，擅自办理本条例第十九条所列事项的；

（四）违反规定从事与期货业务无关的活动的；

（五）从事或者变相从事期货自营业务的；

（六）为其股东、实际控制人或者其他关联人提供融资，或者对外担保的；

（七）违反国务院期货监督管理机构有关保证金安全存管监控规定的；

（八）不按照规定向国务院期货监督管理机构履行报告义务或者报送有关文件、资料的；

（九）交易软件、结算软件不符合期货公司审慎经营和风险管理以及国务院期货监督管理机构有关保证金安全存管监控规定的要求的；

（十）不按照规定提取、管理和使用风险准备金的；

（十一）伪造、涂改或者不按照规定保存期货交易、结算、交割资料的；

（十二）任用不具备资格的期货从业人员的；

（十三）伪造、变造、出租、出借、买卖期货业务许可证或者经营许可证的；

（十四）进行混码交易的；

（十五）拒绝或者妨碍国务院期货监督管理机构监督检查的；

（十六）违反国务院期货监督管理机构规定的其他行为。

期货公司有前款所列行为之一的，对直接负责的主管人员和其他直接责任人员给予警告，并处1万元以上5万元以下的罚款；情节严重的，暂停或者撤销期货从业人员资格。

期货公司之外的其他期货经营机构有本条第一款第八项、第十二项、第十三项、第十五项、第十六项所列行为的，依照本条第一款、第二款的规定处罚。

期货公司的股东、实际控制人或者其他关联人未经批准擅自委托他人或者接受他人委托持有或者管理期货公司股权的，拒不配合国务院期货监督管理机构的检查，拒不按照规定履行报告义务、提供有关信息和资料，或者报送、提供的信息和资料有虚假记载、误导性陈述或者重大遗漏的，依照本条第一款、第二款的规定处罚。

第六十七条 期货公司有下列欺诈客户行为之一的，责令改正，给予警告，没收违法所得，并处违法所得1倍以上5倍以下的罚款；没有违法所得或者违法所得不满10万元的，并处10万元以上50万元以下的罚款；情节严重的，责令停业整顿或者吊销期货业务许可证：

（一）向客户作获利保证或者不按照规定向客户出示风险说明书的；

（二）在经纪业务中与客户约定分享利益、共担风险的；

（三）不按照规定接受客户委托或者不按照客户委托内容擅自进行期货交易的；

（四）隐瞒重要事项或者使用其他不正当手段，诱骗客户发出交易指令的；

（五）向客户提供虚假成交回报的；

（六）未将客户交易指令下达到期货交易所的；

（七）挪用客户保证金的；

（八）不按照规定在期货保证金存管银行开立保证金账户，或者违规划转客户保证金的；

（九）国务院期货监督管理机构规定的其他欺诈客户的行为。

期货公司有前款所列行为之一的，对直接负责的主管人员和其他直接责任人员给予警告，并处1万元以上10万元以下的罚款；情节严重的，暂停或者撤销期货从业人员资格。

任何单位或者个人编造并且传播有关期货交易的虚假信息，扰乱期货交易市场的，依照本条第一款、第二款的规定处罚。

第六十八条 期货公司及其他期货经营机构、非期货公司结算会员、期货保证金存管银行提供虚假申请文件或者采取其他欺诈手段隐瞒重要事实骗取期货业务许可的，撤销其期货业务许可，没收违法所得。

第六十九条 期货交易内幕信息的知情人或者非法获取期货交易内幕信息的人，在对期货交易价格有重大影响的信息尚未公开前，利用内幕信息从事期货交易，或者向他人泄露内幕信息，使他人利用内幕信息进行期货交易的，没收违法所得，并处违法所得1倍以上5倍以下的罚款；没有违法所得或者违法所得不满10万元的，处10万元以上50万元以下的罚款。单位从事内幕交易的，还应当对直接负责的主管人员和其他直接责任人员给予警告，并处3万元以上30万元以下的罚款。

国务院期货监督管理机构、期货交易所和期货保证金安全存管监控机构的工作人员进行内幕交易的，从重处罚。

第七十条 任何单位或者个人有下列行为之一，操纵期货交易价格的，责令改正，没收违法所得，并处违法所得1倍以上5倍以下的罚款；没有违法所得或者违法所得不满20万元的，处20万元以上100万元以下的罚款：

（一）单独或者合谋，集中资金优势、持仓优势或者利用信息优势联合或者连续买卖合约，操纵期货交易价格的；

（二）蓄意串通，按事先约定的时间、价格和方式相互进行期货交易，影响期货交易价格或者期货交易量的；

（三）以自己为交易对象，自买自卖，影响期货交易价格或者期货交易量的；

（四）为影响期货市场行情囤积现货的；

（五）国务院期货监督管理机构规定的其他操纵期货交易价格的行为。

单位有前款所列行为之一的，对直接负责的主管人员和其他直接责任人员给予警告，并处 1 万元以上 10 万元以下的罚款。

第七十一条 交割仓库有本条例第三十六条第二款所列行为之一的，责令改正，给予警告，没收违法所得，并处违法所得 1 倍以上 5 倍以下的罚款；没有违法所得或者违法所得不满 10 万元的，并处 10 万元以上 50 万元以下的罚款；情节严重的，责令期货交易所暂停或者取消其交割仓库资格。对直接负责的主管人员和其他直接责任人员给予警告，并处 1 万元以上 10 万元以下的罚款。

第七十二条 国有以及国有控股企业违反本条例和国务院国有资产监督管理机构以及其他有关部门关于企业以国有资产进入期货市场的有关规定进行期货交易，或者单位、个人违规使用信贷资金、财政资金进行期货交易的，给予警告，没收违法所得，并处违法所得 1 倍以上 5 倍以下的罚款；没有违法所得或者违法所得不满 10 万元的，并处 10 万元以上 50 万元以下的罚款。对直接负责的主管人员和其他直接责任人员给予降级直至开除的纪律处分。

第七十三条 境内单位或者个人违反规定从事境外期货交易的，责令改正，给予警告，没收违法所得，并处违法所得 1 倍以上 5 倍以下的罚款；没有违法所得或者违法所得不满 20 万元的，并处 20 万元以上 100 万元以下的罚款；情节严重的，暂停其境外期货交易。对单位直接负责的主管人员和其他直接责任人员给予警告，并处 1 万元以上 10 万元以下的罚款。

第七十四条 非法设立期货交易场所或者以其他形式组织期货交易活动的，由所在地县级以上地方人民政府予以取缔，没收违法所得，并处违法所得 1 倍以上 5 倍以下的罚款；没有违法所得或者违法所得不满 20 万元的，处 20 万元以上 100 万元以下的罚款。对单位直接负责的主管人员和其他直接责任人员给予警告，并处 1 万元以上 10 万元以下的罚款。

非法设立期货公司及其他期货经营机构，或者擅自从事期货业务的，予以取缔，没收违法所得，并处违法所得 1 倍以上 5 倍以下的罚款；没有违法所得或者违法所得不满 20 万元的，处 20 万元以上 100 万元以下的罚款。对单位直接负责的主管人员和其他直接责任人员给予警告，并处 1 万元以上 10 万元以下的罚款。

第七十五条 期货公司的交易软件、结算软件供应商拒不配合国务院期货监督管理机构调查，或者未按照规定向国务院期货监督管理机构提供相关软件资料，或者提供的软件资料有虚假、重大遗漏的，责令改正，处 3 万元以上 10 万元以下的罚款。对直接负责的主管人员和其他直接责任人员给予警告，并处 1 万元以上 5 万元以下的罚款。

第七十六条 会计师事务所、律师事务所、资产评估机构等中介服务机构未勤勉尽责，所出具的文件有虚假记载、误导性陈述或者重大遗漏的，责令改正，没收业务收入，暂停或者撤销相关业务许可，并处业务收入 1 倍以上 5 倍以下的罚款。对直接负责的主管人员和其他直接责任人员给予警告，并处 3 万元以上 10 万元以下的罚款。

第七十七条 任何单位或者个人违反本条例规定，情节严重的，由国务院期货监督管理机构宣布该个人、该单位或者该单位的直接责任人员为期货市场禁止进入者。

第七十八条 国务院期货监督管理机构、期货交易所、期货保证金安全存管监控机构和期货保证金存管银行等相关单位的工作人员，泄露知悉的国家秘密或者会员、客户商业秘密，或者徇私舞弊、玩忽职守、滥用职权、收受贿赂的，依法给予行政处分或者纪律处分。

第七十九条 违反本条例规定，构成犯罪的，依法追究刑事责任。

第八十条 对本条例规定的违法行为的行政处罚，除本条例已有规定的外，由国务院期货监督管理机构决定；涉及其他有关部门法定职权的，国务院期货监督管理机构应当会同其他有关部门处理；属于其他有关部门法定职权的，国务院期货监督管理机构应当移交其他有关部门处理。

第八章 附 则

第八十一条 本条例下列用语的含义：

（一）商品期货合约，是指以农产品、工业品、能源和其他商品及其相关指数产品为标的物的期货合约。

（二）金融期货合约，是指以有价证券、利率、汇率等金融产品及其相关指数产品为标的物的期货合约。

（三）保证金，是指期货交易者按照规定交纳的资金或者提交的价值稳定、流动性强的标准仓单、国债等有价证券，用于结算和保证履约。

（四）结算，是指根据期货交易所公布的结算价格对交易双方的交易结果进行的资金清算和划转。

（五）交割，是指合约到期时，按照期货交易所的规则和程序，交易双方通过该合约所载标的物所有权的转移，或者按照规定结算价格进行现金差价结算，了结到期未平仓合约的过程。

（六）平仓，是指期货交易者买入或者卖出与其所持合约的品种、数量和交割月份相同但交易方向相反的合约，了结期货交易的行为。

（七）持仓量，是指期货交易者所持有的未平仓合约的数量。

（八）持仓限额，是指期货交易所对期货交易者的持仓量规定的最高数额。

（九）标准仓单，是指交割仓库开具并经期货交易所认定的标准化提货凭证。

（十）涨跌停板，是指合约在1个交易日中的交易价格不得高于或者低于规定的涨跌幅度，超出该涨跌幅度的报价将被视为无效，不能成交。

（十一）内幕信息，是指可能对期货交易价格产生重大影响的尚未公开的信息，包括：国务院期货监督管理机构以及其他相关部门制定的对期货交易价格可能发生重大影响的政策，期货交易所作出的可能对期货交易价格发生重大影响的决定，期货交易所会员、客户的资金和交易动向以及国务院期货监督管理机构认定的对期货交易价格有显著影响的其他重要信息。

（十二）内幕信息的知情人员，是指由于其管理地位、监督地位或者职业地位，或者作为雇员、专业顾问履行职务，能够接触或者获得内幕信息的人员，包括：期货交易所的管理人员以及其他由于任职可获取内幕信息的从业人员，国务院期货监督管理机构和其他有关部门的工作人员以及国务院期货监督管理机构规定的其他人员。

第八十二条 国务院期货监督管理机构可以批准设立期货专门结算机构，专门履行期货交易所的结算以及相关职责，并承担相应法律责任。

第八十三条 境外机构在境内设立、收购或者参股期货经营机构，以及境外期货经营机构在境内设立分支机构（含代表处）的管理办法，由国务院期货监督管理机构会同国务院商务主管部门、外汇管理部门等有关部门制订，报国务院批准后施行。

第八十四条 在期货交易所之外的国务院期货监督管理机构批准的交易场所进行的期货交易，依照本条例的有关规定执行。

第八十五条 不属于期货交易的商品或者金融产品的其他交易活动，由国家有关部门监督管理，不适用本条例。

第八十六条 本条例自2007年4月15日起施行。1999年6月2日国务院发布的《期货交易管理暂行条例》同时废止。

参 考 文 献

[1] 约翰·墨菲:《期货市场技术分析》，地震出版社，2008 年。
[2] 中国期货业协会:《期货及衍生品基础》，中国财政经济出版社，2015 年。
[3] 约翰·赫尔:《期权与期货市场基本原理（第八版）》，机械工业出版社，2016 年。
[4] 张忠慧:《期货交易理论与实务》，中国电力出版社，2015 年。
[5] 中国金融期货交易所网站：http：//www. cffex. com. cn。
[6] 上海期货交易所网站：http：//www. shfe. com. cn。
[7] 郑州商品期货交易所网站：http：//www. czce. com. cn。
[8] 大连商品期货交易所网站：http：//www. dce. com. cn。
[9] 中证指数有限公司网站：http：//www. csindex. com. cn。